中/华/少/年/信/仰/教/育

郑和下西洋的故事

中华少年信仰教育读本编写委员会/编著

信仰创造英雄　信仰照亮人生

中国出版集团有限公司

世界图书出版公司
北京　广州　上海　西安

图书在版编目（CIP）数据

郑和下西洋的故事 / 中华少年信仰教育读本编写委员会编著 . — 北京：世界图书出版公司，2016.5（2024.5 重印）
ISBN 978-7-5192-0880-6

Ⅰ.①郑⋯ Ⅱ.①中⋯ Ⅲ.①郑和下西洋—青少年读物 Ⅳ.① K248.105-49

中国版本图书馆 CIP 数据核字 (2016) 第 049113 号

书　　名	郑和下西洋的故事 ZHENG HE XIA XIYANG DE GUSHI
编　　著	中华少年信仰教育读本编写委员会
总 策 划	吴　迪
责任编辑	王　鑫
特约编辑	邰迪新
出版发行	世界图书出版有限公司北京分公司
地　　址	北京市东城区朝内大街 137 号
邮　　编	100010
电　　话	010－64033507（总编室）　（售后）0431-80787855　13894825720
网　　址	http://www.wpcbj.com.cn
邮　　箱	wpcbjst@vip.163.com
销　　售	新华书店及各大平台
印　　刷	北京一鑫印务有限责任公司
开　　本	165 mm×230 mm　1/16
印　　张	12
字　　数	156 千字
版　　次	2016 年 8 月第 1 版
印　　次	2024 年 5 月第 5 次印刷
国际书号	ISBN 978-7-5192-0880-6
定　　价	48.00 元

版权所有　翻印必究

（如发现印装质量问题或侵权线索，请与所购图书销售部门联系或调换）

序　言

信仰是什么？

列夫·托尔斯泰说："信仰是人生的动力。"

诗人惠特曼说："没有信仰，则没有名副其实的品行和生命；没有信仰，则没有名副其实的国土。"

信仰主要是指人们对某种理论、学说、主义或宗教的极度尊崇和信服，并把它作为自己的精神寄托和行动的榜样或指南。信仰在心理上表现为对某种事物或目标的向往、仰慕和追求，在行为上表现为在这种精神力量的支配下去解释、改造自然界和人类社会。

信仰，是一个人在任何时候都不能丢的最宝贵的精神力量。人有信仰，才会有希望、有力量，才会树立正确的价值观，沿着正确的道路前行，而不至于在多元的价值观和纷繁复杂的世界中迷失方向。

信仰一旦形成，会对人类和社会产生长期的影响。青少年是社会的希望和未来的建设者，让他们从普适意识形成之初就接受良好的信仰教育，可以令信仰更具持久性和深刻性，可以使他们在未来立足于社会而不败，亦可以使我们的伟大祖国永远立于世界民族之林。

事实上，信仰教育绝不是抽象的、概念化的教育，现实生活中，我们有无数可以借鉴的素材，它们是具体的、形象的、有形的、活生生的，甚至是有血有肉的。我们中华民族有着几千年的辉煌历史，多少仁人志士只为追求真理、捍卫真理，赴汤蹈火，前仆后继；多少文人骚客只为争取心中的一方净土，只为渴求心灵的自由逍遥，甘于寂寞，成就美名；多少爱国志士只为一个"义"字，不惜抛头颅、洒热血。他们如滚滚长江中的朵朵浪花，翻滚激荡，生生不息，荡人心魄。如果我们能继承和发扬这些精神和信仰，用"道"约束自己的行为，用"德"指导人生的方向，那么我们的文明必将更加灿烂，我们的国运必将更加昌盛。

　　正基于此，"中华少年信仰教育读本系列丛书"应运而生。除上述内容外，本丛书还收录了中国人民百年来反对外来侵略和压迫，反抗腐朽统治，争取民族独立和解放，前赴后继，浴血奋斗的精神和业绩，尤其是中国共产党领导全国人民为建立新中国而英勇奋斗的崇高精神和光辉业绩；不仅有中国历史上涌现出的著名爱国者、民族英雄、革命先烈和杰出人物，还有新中国成立以后涌现出的许许多多的英雄模范人物。

　　阅读这套丛书，能帮助青少年树立自己人生的良好的偶像观，能帮助青少年从小立下伟大的志向，能帮助青少年培养最基本的向善心，能帮助青少年自觉调节自己的行为，能帮助青少年锁定努力的方向，能帮助青少年增加行动的信心和勇气。

　　习近平总书记说："人民有信仰，民族才有希望，国家才有力量。"因此我们有理由相信：少年有信仰，国家必有希望。

中华少年信仰教育读本编写委员会

第一章　从海禁到海航 / 001

朱元璋的海禁政策 / 001
朱棣的"朝贡"思想 / 005
大航海的经济基础 / 007
先进的航海技术 / 014
造船业的兴盛 / 020

第二章　大航海时代的弄潮儿 / 029

国王血统的家族 / 029
少年入宫 / 031
朱棣的赏识 / 034
受命出使 / 038

第三章　盛世航海梦 / 048

造船的热情 / 048
船队的组建 / 058
物资的准备 / 065
航线的选择 / 069
起锚地的确定 / 073

第四章　开创历史的航行 / 079

首站——吕宋 / 079

访问占城 / 080

设立"官厂" / 089

锡兰山国 / 093

凯　旋 / 101

第五章　开拓海洋的成功 / 104

第二次出使西洋 / 104

第三次出使西洋 / 114

第四次出使西洋 / 126

第七次出使西洋 / 142

第六章　郑和下西洋的影响 / 152

贸易活动带来的发展 / 152

与亚非国家的文化交流 / 159

共享太平之福的外交理念 / 163

第七章　永存的纪念 / 166

静海寺与天妃宫 / 166

南京大报恩寺 / 168

宝船厂 / 170

郑和墓 / 172

太仓刘家港 / 173

候风起航之地——长乐港 / 174

繁华的泉州 / 177

马六甲的遗迹 / 179

印尼的供奉 / 181

刚果园的石碑 / 185

第一章 从海禁到海航

郑和下西洋这一历史壮举，发生在世界变革序幕尚未拉开的15世纪上半叶，发生在屹立于世界东方的中国。这些都不是偶然的。在宋朝以前，中国的海外交通就有了很大的发展，而是宋元以来中国海外交通事业的发展更为迅猛，成为大明王朝派遣郑和下西洋的良好前提条件。

在明代，通过明太祖朱元璋的励精图治，再到明成祖朱棣大力发展经济，提倡文教，使得天下大治，并且宣扬国威，大力开拓海外交流，以至该时期"远迈汉唐"，从而出现了永乐盛世的局面。

开明的政治、强盛的经济、先进的航海技术以及发达的造船业，预示着中国航海时代的到来。

朱元璋的海禁政策

朱元璋建立明朝之初，也曾沿袭元朝的传统，先后在太仓、黄渡、泉州、明州（今宁波）、广州设立市舶提举司，管理海外贸易。但洪武三年（公元1370年），朱元璋先撤销了太仓、黄渡两市舶司；洪武七年（公元1374年），撤销了泉州、明州、广州三市舶司，并三番五次地下达"片板不许入海"的禁令，严禁民间私自出海，与外国进行海外贸易，实行"海禁"政策。

为了推行这一政策，朱元璋还先后采取了一些措施：第一，规定金、银、铜钱、缎匹、兵器为违禁物品，如果出海走私这些违禁品，则要罪上加罪；第二，制定、颁行"首告"制度，规定邻里乡人对于私自出海者必须告发，告发者给予一定的赏赐；第三，不准人们贩卖外国货，也不准使用外国货。与此同时，朱元璋还规定凡是没有同中国建立正式外交关系的国家，都不准到中国来进行贸易。

朱元璋之所以实行"海禁"，主要是从巩固封建统治考虑的，这和明朝建国初期的形势有关。原来在朱元璋击败张士诚、方国珍的过程中，有不少土豪、地主逃亡沿海岛屿和海外，他们时刻准备

卷土重来，这对明初政权是个威胁。其次，从明初开始，倭寇在中国沿海一带骚扰，他们与明朝国内一些豪强、奸商、海盗相勾结，烧杀劫掠，虽还未成大患，但也使朝廷深感不安。朱元璋禁止人们出海，就是为了阻止一些人同张士诚、方国珍的残余势力或倭寇相勾结。这对于巩固明初的政权，虽然起到了一定积极作用，然而对于元朝以来蓬勃发展的海外贸易和航海来说，不能不说是一种限制和打击。

但是，海外贸易是经济发展的客观要求，禁是难以禁止的。即使在朱元璋统治的年代里，也仍然存在着两种形式的海外贸易。

一种是非法的，即走私。从事这种走私贸易的，不仅有商人（往往都是地主兼商人），而且还有沿海一带的地方军事长官。他们往往是地方上的实力派，有财有势。明朝中央虽多次严令禁止，他们仍在走私贩运外国货。同时，外国人为了换得他们所需要的中国手工业品，也将货物私运到中国沿海某些地区。

另一种则是合法的，即官营贸易。这种贸易是以"朝贡"和"赏赐"为主要形式进行的。朱元璋和历代封建帝王一样，把中国看成是天朝上国，而把周围的一些小国看成是自己的"藩篱之邦"。"藩属"要定期向明朝中央"进贡"，明朝皇帝也要给予其不失天朝尊威的"赏赐"。这是封建时代进行国际贸易的一种形式。此外，明政府还允许外国使者及其随员携带一些货物，在朝贡、赏赐进行完毕之后，在中国官吏的严格督察之下进行贸易。这种贸易必须在明朝政府指定的港口进行，且范围狭小而有限，很难适应当时国际贸易的需要。因此，有些海外国家为了扩大同中国的贸易活动，满足对中国商品的需求，往往违章进贡，采取再贡、三贡、甚至四贡的办法。有些海外商人还冒充贡使来中国进行贸易。对此，朱元璋采取了种种限制措施：规定朝贡的期限为3年或5年一次（有的甚至10年一次，如日本）；规定朝贡的路程，取道广东、福建、浙江，再到明朝京

都"应天"(今南京);规定外国人的居留地点为广州、泉州、明州;规定入贡的船只数、随行人数,以及所贡物品之种类等。除此之外,且还发行一种入贡凭证,叫"勘合",以防冒牌贡使。

因此,朱元璋统治的洪武年间,虽有海外贸易,但由于朱元璋实行"海禁",也由于明初30余年间元末以来残破的经济尚在恢复和发展之中,这种海外贸易的规模是十分有限的。它已越来越不能适应国际贸易和国内经济发展的需要了,而且随着明初政权的日益巩固和国力的增强,朱元璋实行海禁所考虑的出发点,也越来越失去了实际意义。

朱棣的"朝贡"思想

朱棣上台之后，改变了洪武年间的海禁政策，恢复了管理对外贸易的机构市舶司。他公开宣布，外国人愿意到中国来的，听其自便，还派遣尹庆、宁善、闻良辅、马彬等人出使爪哇、苏门达剌、柯枝、古里等国，招徕入贡。同时，朱棣对朱元璋所规定的违禁品也放宽了。就在朱棣正式登上宝座的那一年（即永乐元年、公元1403年），日本贡使带来了一些兵器出售。这本是违反禁令的，礼官请求治罪。朱棣却说，外国来进贡，路途艰险，耗费很大，不能一概用禁令来约束他们。永乐二年（公元1404年），琉球山南王的使者私自拿银子（白金）到处州（今浙江丽水县境）购买瓷器，若按洪武时期的禁令也应治罪，但朱棣却说，外邦人只知道追求利益，哪里知道中国的禁令呢，同样没有问罪。与此同时，他对中国人出海经商的禁令也放松了，接着便于公元1405年派遣郑和下西洋。

明成祖之所以组织宏大的船队，派遣郑和远航西洋，简而言之，就是为了扩大明王朝的政治影响，宣扬大明帝国的国威，加强同海外各国的联系，扩大同海外各国的贸易往来，以满足其建立天朝大国的欲望和统治阶级腐朽生活的需要。

朱棣自认是"奉天命天君主天下"的，要海外各国来"朝贡"。朱棣的这种思想，是和中国历代封建帝王的思想相通的。他的父亲朱元璋就曾经说过："自古帝王临御天下，中国属内以制夷狄，夷狄属外以奉中国。"洪武初年，在这种天朝大国思想的支配下，朱元璋也曾数次遣使出洋。在明朝建国之始的公元1368年，朱元璋派使臣吴用出使占城，次年，又出使爪哇，洪武二年（公元1369年），遣使臣刘叔勉出使西洋琐里，洪武三年（公元1370年），遣御史张敬、福建行省都事沈秩出使浡泥，同年，又遣使臣塔海帖木儿出使琐里。其目的都是使这些国家承认明朝天朝大国的特殊地位，要他们向明朝"称臣""纳贡"。

当时，南洋地区与明朝建立"朝贡"关系的国家有17个。只不过出于明初政治经济形势的需要，后来朱元璋才执行了海禁政策。到了永乐年间，由于国力强盛，朱棣要建立一个天朝大国的思想就更为强烈，而且他还想用扬威海外来缓和国内一部分人对他武力夺取帝位的不满。这就是他要组织宏大船队、派遣大批使者出海诏谕四方的政治原因。

随着明初经济的恢复和发展，明朝贵族、官僚、地主的经济实力逐渐增强，统治阶级享受的胃口越来越大。洪武末年，全国占有千顷以上土地的地主就有1.4万多户。早在洪武四年（公元1371年），明朝的一些新贵族地主就拥有佃户3.8万多家。到永乐时，一个有功的大臣李增枝在各地设立庄田，每个庄田就拥有佃户千百家。这些新贵们随着财富的增加，对腐朽生活的奢望也越来越强烈。他们继承了历代的官僚、地主奢求海外奇珍异物的风气，国内的物产再也不能满足这些权贵的需要，他们对国外的猫眼石、珊瑚、珍珠、玛瑙以至珍禽异兽产生了强烈的兴趣。明成祖夺取帝位后，准备迁都北京，大兴土木（公元1406年开始大规模营建北京，公元1421年把都城从应天迁到北京），营造宫室。这也需要大量海外奇珍充实宫廷。因而，加强同海外各国的联系，扩大同海外各国的贸易往来，用中国的货物去换取海外的奇珍，就成了朱棣派遣使者出使西洋的又一重要推动力。

恩格斯曾经说过："历史过程中的决定性因素归根到底是现实生活的生产和再生产。经济状况是基础，但是对历史斗争的进程发生影响并且在许多情况下决定着这一斗争的形式的，还有上层建筑的各种因素"。明朝前期经济的恢复和发展，统一的封建国家的强盛，正是郑和下"西洋"的经济基础和政治条件，而明成祖朱棣派遣郑和下西洋的主要目的，则是为了宣扬大明帝国的国威，与西洋诸国建立"朝贡"和贸易关系，从而"临御天下"。

大航海的经济基础

明朝是继元朝建立起来的。要了解明朝经济贸易情况，首先就要回顾一下明朝以前，特别是宋元以来的经济和贸易情况。

中国人民很早就同亚非人民经由海上进行经济、文化交流。早在西汉时期，中国的使者就乘船到达了印度和斯里兰卡，以丝织品换取珍珠、琉璃和其他一些奇石异物。唐朝时，很多阿拉伯商人来到中国，中国的船舶也远航到波斯湾甚至非洲进行贸易。中国的丝织品和瓷器在巴格达的市场出售，而印度、波斯、阿拉伯以及东非一些国家的象牙、犀角、明珠、乳香、玳瑁等也通过阿拉伯商人和中国商人运到中国。

宋朝，中国与亚非国家的航海贸易比盛唐时期更加繁荣。唐朝的船只虽然已到达波斯湾甚至东非海岸，但当时是沿北印度洋海岸航行的。而宋朝的航海者开辟了横跨北印度洋直达阿拉伯半岛和非洲的新航线。当时有3条航线：一条航线是从中国的泉州或广州开航，经过苏门答腊岛的亚齐，进入印度洋，到印度半岛南端西海岸的故临（今奎隆），从故临再向西到达波斯湾和阿曼；另一条航线，是从广州或泉州出发，经过40天的航行到达苏门答腊岛的亚齐，然后从亚齐向西航行，经过60天的远航到达阿

拉伯半岛的佐法尔，从佐法尔还可以向南航行到亚丁；第三条航线，是从苏门答腊的亚齐横跨印度洋，经过马尔代夫群岛，到达非洲索马里的贝纳迪尔地区。

当时，从东南亚、印度半岛，阿拉伯半岛以及非洲东海岸买进来的，主要是香料、药材、犀角、象牙、珊瑚、珍珠、玛瑙、琥珀、翡翠、水晶、蕃布等。而中国的一些矿产品，如金、银、铜、铁、锡、铅，特别是各种丝织品和瓷器则大量销售到上述各地。近几十年来，在印度、波斯湾沿岸、非洲的埃及，索马里海岸等许多地方，出土了不少宋朝的瓷器和钱币。这就是当年中国和这些地方之间贸易往来的生动而有力的证明。

元朝继承了宋朝的航海成就，海外贸易的规模又有所扩大。当时与广州进行贸易往来的，包括东南亚、印度半岛、波斯湾、阿拉伯半岛和非洲东海岸的广大地区。中国的商船经常来往于印度半岛上的故临，波斯湾的巴士拉以及东非海岸的桑给巴尔。进出口的物资也比以前更多。据记载，进口的东西达200种以上，其中有40种以上是珠宝和香料，如象牙、犀角、珍珠、珊瑚、沉香、檀香等，此外还有药材、布匹、木材、漆器等。出口的物资也更多了，既有农产品，又有手工业品，而以手工业品为主。丝绸绢缎、陶瓷器皿、铜铁器物、日常用品都成为重要的出口物资。这种海外贸易在元朝经济生活中，已经占有了相当重要的地位。虽然从元世祖忽必烈末年开始，曾先后4次下令禁止商人到海外经商，但又4次开放海禁。从公元1322年以后，就再也没有下达过禁海令。

自从汉朝以来，中国进口的物资多为供统治阶级享用的奢侈品。历代的封建皇帝、贵族、官僚、地主，不但要享用国内出产的山珍海味、奇珍异宝，而且还要追求海外的各种特产，甚至珍禽异兽。唐宋以后此风更盛，这是第一点。其次，中国出口的多为手工业品，特别是丝织品和瓷器。中国的丝织品、瓷器以至一些铜铁器物，深深受到亚非诸国以及一些欧洲国家的欢迎和喜爱，赢得了很高的声誉。

宋元时期发达的航海事业和海外贸易，不仅开辟了远程航线，进行了经济文化的交流，而且积累了丰富的航海经验，培养了大量的航海技术人才。这就为明朝初期的郑和下西洋准备了必要的技术力量，而郑和下西洋可以说正是宋、元以来海外贸易与航海事业的继续与发展。

元末的十多年中，战火遍地，社会动荡。人民大规模的反抗，元统治者的残暴镇压，各支农民军的相互倾轧，各地割据势力的彼此争斗交织在一起，使得人口锐减，田园荒芜，经济凋敝。公元1368年，朱元璋建立明朝之际，他所面临的国内经济是一派残破凄凉的景象。

明太祖朱元璋直接参加并领导了元末农民起义军推翻元朝统治者的斗争。因此，当他登上皇

帝的宝座以后，为了巩固他的封建统治，就必须首先恢复发展的国内经济，改善农民痛苦不堪的生活状况，缓和一下阶级矛盾。

　　元末农民起义狠狠地打击了地主阶级，被蒙古贵族和部分汉族地主霸占的土地，大都成了无主荒地。许多过去沦为奴隶地位的农民和部分奴隶获得了自由，重新成为农民。所有这些，都是元末农民起义斗争的胜利果实。战乱的结束，社会的安定，为修补那千疮百孔的社会经济提供了客观条件。

　　在这样的情况下，朱元璋采取了一系列休养生息、恢复和发展社会生产的措施。

　　朱元璋首先采取了一系列有利于农业生产的措施。明政府奖励农民屯田垦荒，减免他们的赋税、徭役。洪武初年，明政府下令：凡是战争时期荒芜了的田地，农民开垦成熟了，就作为他自己的产业；原主（包括地主豪强）回来复业的，则由官府拨给附近的荒田。复业的农民，如丁多地少，官府"于附近荒田，验丁拨补"。北方近城的荒地，"召民耕，人给十五亩，蔬地二亩，免租三年""额外垦荒者永不起科"。这样就保证了垦荒农民对土地的所有权，调动了农民垦荒生产的积极性。

明政府屡次把江南、浙江、山西等处"丁多田少及无田之家"的农民移到受战争破坏最严重的黄河流域和淮河流域去垦荒屯种。公元1370年，从江南的苏州（治所今苏州市）、松江（治所今上海市松江县）、嘉兴（治所今浙江嘉兴）、湖州（治所今浙江吴兴）、杭州（治所今杭州）五府迁徙到临濠府（治所钟离，今安徽凤阳东）的移民达4000余户。公元1371年，又从山西、内蒙古一带迁徙3.2万余户到北平（治所今北京市）屯田。以后又进行多次移民。

明政府实行驻军屯田，实行寓兵于农、且耕且战的政策。军屯由卫所的军户耕种，"每军授田五十亩为一分"。边地，三分守城，七分屯种；内地，二分守城，八分屯种。政府向屯田农民和军士发放耕牛、农具和种子。

明政府还组织兴修水利、推广植棉、清丈田亩。1368年，朱元璋下令修和州（今安徽和县）铜城堰闸；1371年，修兴安（今陕西安康）灵渠；1376年，修彭州（今四川彭县）都江堰等。到1395年，明政府共修浚河道达4162处，陂渠堤岸50 048处，加上其他各县塘堰，总共40 987处。

明政府提倡种植经济作物，尤其大力推广植棉。朱元璋下令，有田5—10亩的农民要种桑、麻、棉各半亩。不种桑的要出绢一匹，不种麻、棉的要交麻布或棉布一匹。朱元璋后又下令，凡是垦荒种植棉、桑的土地不交税。

由于这些措施，全国荒地迅速地被开垦出来。到公元1393年，全国垦田数达到450万顷，比元末增长了一倍有余。战乱中荒芜了的原野，又长出了丰硕的五谷。明朝政府粮税收入也有了明显的增长。公元1385年,全国粮税收入麦、米、豆、谷20 889 617石。到1393年,则增加到32 789 800石,比元朝大约增长了两倍。到永乐年间,陕西地区仓库储存的粮食有1000多万石,可供陕西地区官军俸饷10年之用,四川长寿仓库储存的粮食,甚至可供当地百年的俸饷。《明史·食货志》说:"是时,宇内富庶,赋入盈羡,米粟自输京师数百万石外,府县仓廪蓄积甚丰,至红腐不可食。"这反映了某些地区粮食储备之富足。经过明初几十年的休养生息,农业生产得到了恢复和发展。

在手工业方面,明朝初期,明太祖朱元璋改革了工匠服役的制度。元朝时,全国的手工匠几乎全部集中在元政府和贵族那里终年无偿服役,政府还把他们编成特殊的户籍,称为"匠户"。匠户的子孙永远继承父兄的职业,不准改业。明初(从公元1386年开始),政府把匠户分为"住坐"和"轮班"两种。每个有"匠籍"的工匠,在京师的只要每月在当地服役10天,叫"住坐";在外地的,按明政府的规定每3年到都城服役3个月,叫"轮班"。其余时间,工匠们可以自己进行生产。这样,手工业者的地位有了改善,比元朝的"匠户"自由多了。他们的生产积极性不断提高,促进了手工业的发展。

明初的官营手工业如冶铁、铸铜、造船、制瓷、织染、军器火药的制作以及手工艺和土木建筑,在质量上都超过了前代的水平。拿冶铁来说,洪武七年(公元1374年)全国设冶铁所13处,每年产铁8 052 987斤。后来又增加了几个冶铁所,到永乐时期,已产铁18 475 000多斤。

关于商业,明政府采取了保护和扶植的政策。例如降低商业税,只抽1/30,到公元1380年还规定婚丧嫁娶、祭祀鬼神的东西以及舟、车、丝、布等不抽税。明政府还设立了一些货栈,供商人贮存货物,并采取统一勘定度量衡、规定物价、发行货币、制止通货膨胀等一系列措施，促进了商业的发展。当时，全国出现了三十多个著名的商业城市，如南京、杭州、苏州、扬州、济南、开封、松江、常州、大同、开原、广州、福州、宁波等。

元末农民战争和明朝初期采取的恢复和发展生产的措施，推动了明初社会经济的发展。到永乐年间，中国一扫过去满目疮痍的凋敝景象，出现了全国性的封建经济繁荣。正是由于这种经济的繁荣，国家实力的增强，才使得郑和的庞大船队七下西洋成为可能。同时，手工业的发展，产品的增多，不仅要求扩大国内市场，而且要求扩大国外市场，发展海外贸易。这些就是郑和下西洋时的经济状况和由此而产生的经济要求。

恢复和发展社会经济的同时，朱元璋还采取措施，进一步加强封建专制主义的中央集权。首先，他加强了皇帝个人对中央军政大权的控制，废除了统一管理中央政权的丞相，把它的职权分散给6个并列的部（即吏、户、礼、兵、刑、工6部），六部尚书（即部长）直接对皇帝负责。朱元璋还把统辖全国军队的大都督府撤销，其职权分散给5个并列的军都督府（即中、左、右、前、后五军都督府），都督府虽管军籍军政，却不管军队调遣，军队的调遣由皇帝通过兵部直接掌握，统率军队的总兵官由皇帝任命，总指挥权也归皇帝。其次，朱元璋加强了中央对地方的控制，废除了元朝设立的行中书省，把统一管理每一个省的地方行政职权，分散给3个并列的司——都指挥使司（掌军政）、布政使司（掌民政和财政）、按察使司（掌司法），3个司都直隶中央。再次，设立特务机构，明太祖设锦衣卫，用以镇压人民，监视官吏，加强皇权。最后，加强科举制度，八股（考"八股文"）取士，选拔出大量的忠实于皇帝的官吏，以扩大其统治基础。在当时的情况下，这种专制主义中央集权的加强，对于巩固封建国家的统一是有积极作用的。

总之，国家的统一是经济发展的重要条件，经济的发展要求进一步扩大海外贸易并为大规模航海提供了物质基础，而统一富强的国家又为大规模航海提供了坚强的后盾。

先进的航海技术

中国人民在航海技术方面的尝试从殷商与西周时期就开始了，在明代航海技术到达了顶峰。殷商与西周时期，人们除了会制造船舶之外，已能制成帆而利用风力航行。甲骨文用"帆"代替"凡"，说明殷人行船已经使用帆。不过，这时的帆一般主要用在陆地江河航行中。随着春秋战国时期各国的海上活动兴起，人们航海的地理知识逐渐增加，将中国东部外侧的不同水域划分成"北海"（今渤海）、"东海"（今黄海）、"南海"（今东海）。人们已了解到"百川归海"并开始在沿海巡航。同时，人们在江河和航海过程中，逐渐认识了风，并利用风和帆航行。人们在认识风的同时，也对一些云雨气象有所了解，如《尚书·洪范》中"月之从星，则从风雨"等都是人们在航行中注意天气变化而总结出的经验规律。

这一时期，人们对海洋水文特别是潮汐有一定的了解。如《尚书·禹贡》"朝夕迎之，则遂行而上"等，说明当时人们已经知道趁涨潮出海，利用海洋定向潮流，顺流而下。

值得一提的是，春秋战国时期，海上导航技术已与天文学联系起来。战国时期人们已经对二十八星宿和一些恒星进行了定量观测，取得了可喜成果，并把海上航行与天文学相结合，利用北极星为航行定向。当时，磁石"司南"已发明，但其用途主要用于陆上定位，海上导航标志主要是太阳和北极星。

总之，先秦时期的航海技术已有一定的基础，人们对海洋的认识逐渐深刻，对洋流、风力、潮汐和海上天文、气象知识有一定的认识，利用太阳和北极星为海上导航标志，并发明了海上测天体高度的仪器。

秦汉时代的远洋航海，人们已开始自觉使用季风航海。中国人已掌握了西太平洋与北印度洋的季风规律，并已应用于航海活动。实际上，东汉应劭在《风俗通义》已经提到："五月有落梅风，江淮以为信风。""落梅风"意即梅雨季节以后出现的东南季风。两汉时期人们只有利用季风，才能做远洋航行。

在先秦时期天文导航的基础上，秦汉时期的导航技术有了进一步的提高。据《汉书·艺文志》载，西汉时海上导航的占星书已有《海中星占验》12卷，《海中五星经杂事》22卷等有关书籍总计达136卷，可能是中国航海人员在航海过程中总结出来的天文经验和规律。其内容应是记录航海中对星座、行星等位置判定以确认航线。

除天文导航外，地文导航与陆地定位在航海中也占十分重要的地位。

汉时，人们已能利用"重差法"精确测量海上地形地貌。唐代李淳风的《海岛精算》记载了这种利用矩或表进行两次观测，可求得海岛之高度和与船的距离，这对后世航图的测绘及航程的推算具有深远的影响。

汉时，人们已经知晓了产生潮汐的原因。王充在《论衡·书虚篇》里第一次科学地将潮汐成因与月球运动联系起来，反映了人们对潮汐认识的进步。这本书还对人们如何借海潮流向进出港湾，起到了理论指导作用。

总之，秦汉时期，中国的造船业已十分发达。人们可以利用季风航行，并能对潮汐现象做出科学合理的解释，天文和地理导航也得到了发展。航海技术的进步，使当时的中国步入了世界先进航海国家的行列。

三国两晋南北朝时期，造船业发展的同时，中国人的航海知识与技术也得到了进一步的充实和提高。

　　三国时万震《南州异物志》对当时航行于南海水域的海船风帆驶风技术有所描述："其四帆不正前向，皆驶邪移，相聚已取风吹，邪张相取风气。"这段记载说明了当时中国南海航行者已拥有增减四帆帆船，掌握"邪张相取风气"的打偏驶风技术，并可以在印度洋上利用七帆帆船驶风航行。

　　随着三国以后的航海活动增多，中国人对西太平洋和印度洋的信风规律已有所认识和利用。这一时期航海技术的进步，还表现在人们已对航行所经海区的海岸地形有了初步了解，如对今南海的珊瑚已有所认识，同时天文导航技术也已采用。

　　隋唐五代时期航海技术趋于成熟，人们已能熟练运用季风航行，天文、地理导航水平都有明显提高，对潮汐也能做进一步解释。

　　在唐代，人们已能认识到北起日本海，南至南海的风有规律的到来和结束，这种与航行有关的季风称为"信风"。在利用这些信风航行的同时，人们已能正确地归纳和总结出这些信风的来去规律。如义净正是借着对南海季风、北印度洋及孟加拉湾的季风和洋流规律的认识和利用而乘船到达东南亚室利佛逝国，并又回到中国的。唐代人对海洋气象有了进一步认识，已能利用赤云、晕虹等来预测台风。

　　唐代天文定位术的发展，集中体现在利用仰测两地北极星的高度来确定南北距离变化的大地测量术。开元年间天文学家僧一行已可以利用"复矩"仪器来测量北极星距离地面的高度，虽与实际数字有一定的差距，但这是世界首次对子午线的实测，而且这种测量术很可能已经在航行中使用。唐代航行者已掌握利用北极星的高度进行定位导航。

　　与天文定位术一样，隋唐地文导航技术也有一定提高。"广州通海夷道"中对航海方向、距离、时间已相对具体，对某些地区的地理位置或地形特征已有明确的地文定位描述，并且对远洋航行中的人工航标也有记录。特别是随着数学的进步，航海家已经能在勾股定律、相似关系的原理基础上，运用两次观测计算的"重差法"来测量陆标，大大提高了海岸测量术的水平。

在《海涛志》中，作者窦叔蒙深入研究了潮汐运动与月亮运动的同步规律，对潮汐运动中的形成原因、大小潮出现的时间、计算方式、潮汐循环的周期等做了详细的论述。而稍后的封演，也对一月之中潮汐逐日推移的规律做了非常清晰的论述。

两宋时期航海技术的提高，最突出的是指南针的广泛应用。

宋以前的航海指引，一般是凭天象、天体识别方向，夜以星星指路，日靠太阳辨向。北宋时期，航海技术开始了重大的突破，已能利用指南针航行。而指南针的应用，在南宋时期发展成罗盘形构，随着精确度不断提高，应用越来越广泛。海上航行已逐步依靠指南针指示方向，比北宋时期更为进步，促进了中外海上交通的发展。指南针应用于航海，是世界人类文明史上的重大突破，对世界文明文化的发展做出了重大的贡献。

在两宋时期，有关海图的记述已十分明确，如徐兢的《宣和奉使高丽图经》和刘豫献于金熙宗完颜亶的海道图等，都说明了当时海图的发展。海上交通航线的发展，为海道图的产生创造了条件。海道图的产生，是人类海洋知识不断积累的结果，为人类进一步征服海洋、发展海上交通事业，提供了更多的技术工具与技术知识。

此时，人们在海洋地理识别探测方面也有较大进步，可以根据天气变化确定方位，判断环境，并已懂得利用长绳系砣测量海深，以及从砣底所黏附的海底泥沙判断航行位置及情况。而且宋人还能利用季风航行，其驾驭风力的技术也具有相当高的水平。在海上航行安全方面也有一定的保障措施。人们利用信鸽作为海上通信工具，并已能进行水下修补船只，防止渗漏致沉。由于航海技术不断提高，两宋时期的对外海上交通更加安全，航向更为准确，航行时间也大为缩短，这些都有利于中外海上交通贸易的进一步发展。

元代指南针的应用更为普遍，也更为精确，已成为海舶必备的航海工具。元代航海中，把指南针许多针位点联结起来，以标明航线，称之为针路。指南针应用的技术进一步提高，人们以天干、地支和四卦作为航海罗盘上编排的航路方位。这样，海船航行更能精确地确定航向，把握航线。

元朝航海技术的提高，还表现在对海岸天象与规律的认识与掌握，以保证海船航行的安全与稳定。元朝海上交通，已能熟练地掌握与利用季风规律。元朝航海家在长期的海上交通实践中，总结经验，编成有关潮汛、风信、气象的口诀。有关的口诀据称"屡验皆应"，说明了元朝对海洋气象变化规律，已有相当程度的认识与掌握，有助于进一步驾驭海洋，促进海外交通贸易的进一步发展。

到了明朝，中国的航海技术已经站在了世界的最前端。明代指南针的应用更为普及与精确。过去指南针的运用，主要是单针与缝针之法。但明人《顺风相送》中已经有"定三针方法""定四针方法"。虽然不详其具体应用方法，但应该可以肯定其航路航向必然更为清晰准确，几个指南针一齐运用于确定航向，还必须有计量单位，确定航程。至迟在明代已经以"更"作为计量单位运用于航海之中。明清时期，一更约为60里计。因此，"更"并非是一个单纯的计时单位，而是指一更时间内，船舶在标准航速下所通过的里程。以"更"用于航海，也是明代航海技术发展的一个标志，它与指南针结合，可以推算船位航速，令航行路线方向更为精确，明代"针""更"结合的航海方法已十分普遍，反映了明代航海技术的先进性。

大海航行必须了解航路的地形水势，掌握航道的水深及暗礁浅滩，才能安全可靠地进行海上交通活动。

明人测量水的深浅名为"打水"，以"托"为单位。明人在航海图绘制方面也做出了很大的贡献。虽然宋元时期已有航海图样问世，但只是以沿海为主，远洋航海未能备及。直至明代，航海图的绘制已有很大的进步，具有很高的水平，不仅沿海地区，海外远洋地区也有掌握，最典型的是明人茅元仪所辑《武备志》卷二百四十附图上所载的《郑和航海图》。该图自南京绘图，一直至东非沿岸，航图遍及广大西太平洋与印度洋海岸地区，记载了500多个地名，并绘有针路，各处星位高低。对于航行途中的山峰、岛屿、浅滩、礁岩、险狭用的海图，显示了明人对掌握航路地形水势的必要性与重要性，具有深刻的认识。明代航海者对海外航路的地形水势已有相当的掌握。明代类似对航路地形水势的具体指南，趋于综合化与形象化，反映了明代航海技术的提高。

牵星术，是当时一种利用天文状况进行测位的航海技术。即在船上利用牵星板来观察某一星辰的高度，借以确定船只所在的地理位置。特别是在深海中，地形水势难以提供有效的识别，无所凭依，人们往往以天象来确定航位。《郑和航海图》中就附有《过洋牵星图》，记录明人在印度洋地区的牵星航海。

明人在航海中已经学会利用信风。明人费信《星槎胜览·占城图》中云："十二月，福建五虎门开洋，张十二帆，顺风十昼夜至占城国。"明人马欢《瀛涯胜览·满喇加》中谓，归航"等候南风正顺，于五月中旬开洋回还"。表明明人对季风规律的掌握与运用，已经十分得心应手。

明人对海上风云气候、海流潮汐的变化规律也十分熟悉。《顺风相送》和《指南证法》中就记载了许多关于这方面的气象记录和歌诀，说明了明人对航海天象的认识与重视，如《顺风相送》中"逐月恶风法""定潮水消长时候""论四季电歌""四方电候歌"等。人们按农历月日，对海洋气象的风雨规律做了详尽的记述。

这些航海技术的积累为郑和下西洋铺平了技术方面的道路。郑和船队后来又把地文航海、天文航海、罗盘指向、测量水深和底质等有机地结合起来，将航海技术推到了一个新的水平。

造船业的兴盛

明朝时，中国的造船业已经十分发达，尤其自唐宋以来，中国的海船制造业一直位居世界前列。明成祖朱棣在规划大规模下西洋的蓝图时，对当时中国海船制造业的发展水平、中国远洋航海的历史及现状，都十分清楚。这也成为他决策的主要依据之一。

中国内地的东部和南部，濒临太平洋的3个边缘海——黄海、东海和南海，面临的海域非常辽阔。在北起辽宁省的鸭绿江口，南至广西壮族自治区的北仑河口，长达18 000多千米的海岸线上，又分布着许多优良的港湾。这就给发展海外交通提供了十分有利的条件。

船舶是海上交通的工具，没有先进的造船技术，或造船业不发达，就不可能持续发展海外交通。中国人民自古就同海洋发生了密切的关系，自秦汉至宋元，历代封建王朝都很重视利用海路交通，发展中国与海外诸国的友好关系，进行经济和文化交流。中国的造船业在此推动下，得到了迅速的发展。

在一个很长的历史时期内，中国造船技术一直在世界上处于领先水平。早在先秦时代，中国人就能造出长30米、宽6—8米、载重50—60吨的木船。隋唐时期，造船技术向前迈进了一大步。隋在灭陈之前，建造的"五牙"战船，有楼5层，高百余尺，能载800人，就是次一等的"黄龙"船也能载百人。

秦代的造船工匠已掌握了建造大型海船的整套工艺，徐福可以奉始皇之命率领一支3 000余人的船队出海，就是当时海船制造业已相当发达的有力证据。

汉朝的建立，使中国的封建经济获得了较大的发展，出现了中国封建社会早期的盛世，历史上称之为文、景、武、昭、宣的兴盛时代。社会生产力的进一步发展，社会经济的繁荣，对海外交往的扩大，使当时的造船业得到快速发展。汉武帝时建造的楼船，高十余丈，船上旌旗飘扬，甚为壮观。还有一种称为豫章大船的楼船，是专供皇帝巡游的"御船"，船上建造有若干间华丽宽敞的宫室。此船不仅要运载随行的文武官员、侍卫、杂役人员等，还要备足封建统治者奢侈生活所需的一切起居用品等，所以这种楼船上层的建筑面积特大，据说"可载万人"。当然，史籍所载"万人"之数是一种夸张的说法，但也反映了这是一种能载很多人的巨型船舶。

继秦汉之后，隋朝重新统一中国，社会生产力进一步发展，这又推动了当时造船业的进步。隋文帝开皇九年（公元589年），杨素在永安建造了名曰"五牙"的战舰，上面起楼5层，高十余丈，可载士兵800人。隋炀帝大业元年（公元605年）所造"御船"龙舟，高45尺，长200尺，起楼五层，上层有正殿、内殿、朝堂，中间两层有120个房间，下层是内侍们居住的地方。这说明秦汉以后，中国的造船业已进入一个新的发展阶段，船舶的制造正稳步向大型化发展，造船技术也不断有所创新。至少在公元410年的晋代，已出现水密舱壁，1258年马可·波罗曾将这一技术传入欧洲，但当时未引起重视。欧洲至18世纪才逐步将这一重要技术应用于航海。车轮舟在晋代也开始使用，西方却直到蒸汽机应用于船上时，才开始使用桨轮。中国古代船舶不断向大型化发展的趋势，在公元7世纪以后，由于唐代海上丝绸之路的兴起，就更加明显了。

公元7世纪以后，由于发生了唐朝灭东西突厥的战争，阿拉伯攻占波斯、灭萨珊王朝的战争等一系列大战，陆上丝绸之路受到阻遏，海上丝绸之路逐渐成为贯通东西方的主要通道。随着海上丝绸之路的兴盛，为满足东西方扩大贸易往来的需求，中国的海船制造业从此获得了惊人的发展。新的巨大船型不断出现，造船技术也越来越先进，当时的中国海船制造业在世界上处于遥遥领先的地位。在隋代船型较为巨大的还只有特制的战舰或专供皇帝巡游的船只，到了唐代，就能成批地打造远洋巨舶。唐代大一些的海船，一般长20丈，可载六七百人。有一种名曰"俞大娘"的大船载重达一万石。唐代海船无论是载重或是船体结构，都超过了当时其他国家的船只。

因为中国制造的海船，船体庞大、坚固，抗风浪力强，安全可靠，所以不仅东南亚各国人喜欢乘中国船，就是今日以造船和航海著称于世的日本人，当时也喜乘中国船。由于船大，航抵故临（今印度奎隆）时，中国海船所缴纳的过口税，是一般外国船只的5—45倍，而到波斯湾沿岸的尸罗夫后，要改装小船才能把货物继续西运到巴士拉等地。

唐朝的海船，船体之大可谓当时世界之最，而且船体构造之科学也是首屈一指。为了增强船舶的纵向强度，两侧船舷增加了构件；为了增强横向强度，使用了较多的横舱壁；为了增强船的抗摇性，在"海鹘"船上开始使用披水板（即浮板）。披水板也叫"翼板"，与现代钢质船底部的"舭龙骨"相似，这要比西欧早七八百年；为了增强船舶的抗沉性，普遍采用水密隔舱的方法，这要比西欧早1000年以上。

宋代比以前各代都更重视海外贸易，把重要的对外贸易项目收归国家垄断，以获得巨额收入。在南宋时期，海外贸易收入成为国家财政主要来源之一。海外贸易的空前发展，使得宋代所造海船之大，为历代所未有。据宋吴自牧《梦粱录》卷十二"江海船舰"中记载："海商之舰，大小不等，大者五千料，可载五六百人，小者二千至一千料，亦可载二三百人。"可见在宋代已出现了5000料的大型海船。宋代周去非在《岭外代答》一书中记述，中国开往南洋及印度洋的大船，形状像巨大的居室，船帆如同从天上垂下的一片云，长达数丈。一船有数百人，船舱内有够吃一年的粮食。船上养了许多猪，还大量酿酒，可供全船人天天吃肉饮酒。这类海船由于"舟大载重，不忧巨浪"，乘船之人在漫长的航途中又不愁吃不愁喝，所以很适宜远航。

当时开往北方海域去朝鲜等国的船舶很庞大。宋徽宗时为出使高丽，造了6艘"顾募客舟"和2艘"神舟"。客舟长十余丈，宽2.5丈，深3丈，可载2 000斛粟；每船有10支橹，大桅高10丈，需要60名水手来操纵。神舟的长宽高度、什物用具、人数，都是客舟的3倍。这种"神舟"长在40丈左右，宽近8丈，至少需要180名水手来操纵。当时到邻近国家去的使船都如此之大，那要作远洋航行的使船就更可想而知了。在宋代另有一种"西湖舟船"，据目击者所言，大者"约长五十余丈"，较小的"约长三十、二十丈""皆奇巧打造，雕栏画栋，运行平稳，如坐平地"。就船长50余丈而言，在中国古代造船史上，算得上是船中之最了。宋代海船船身设计更注重采用防水隔舱，一部分受损，不致影响全船。

宋朝海船不仅船体之大、种类之多、式样之新颖超过了前代，而且还创造了船坞造船新技术。宋太宗（公元976—997年）时，平民出身的造船师张平监管造船场，他把造好的船舶置于坞内，以避免流水的冲失，这要比西方早500年以上。

宋代造船工场遍布全国，以华中及华中以南各省为多，其中尤以浙江的温州、明州（今宁波）两处造船最多，全国每年造船3000余艘。在海外贸易巨大利益的驱使下，宋代造船的水平，无论在数量或质量方面，都明显超过了前代。

元代对海外贸易的重视程度并不亚于宋朝，甚至态度更加积极。至元十四年（公元1277年）元世祖忽必烈初定江南后，招降并重用在海外有广泛影响的原南宋掌管泉州市舶提举司的蒲寿庚，让他继续主持泉州市舶提举司的工作。次年（公元1278年），他又遣唆都、亦黑迷失、周达观、孛罗等频繁出使南洋与印度洋沿岸诸国，积极进行招引贸易的活动。此外，元政府先后在泉州、广州、温州、宁波、杭州、上海、澉浦7个港口设置市舶提举司，为扩大海外贸易创造了有利的条件。

　　元代实行了比宋代自由的海外贸易政策，允许官商合办海外贸易，这对民间商贾经营海外贸易是一种鼓励。所有这些都促进了元代海外贸易的兴盛，使得元代的海船制造业又有更大的发展。元代"海舶广大，容载千余人，风帆十余道"，显然要比宋船巨大。这种船型广大的海船，在元代不过属于大船而已，并不罕见。当时的著名旅行家摩洛哥人伊本·巴图塔在游记中写道，元代大型海船有12帆，可载1000人，其中600人为水手，400人为护勇、弓箭手等。每艘大船随带3艘较小的船，其大小长短宽狭约等于大船的1/2、1/3、1/4，船无论大小均造于泉州和广州的船场。船桨大小和桅杆大约相等，一船共有20支桨，15人摇一支桨，大船桨较大，每支桨须加至30人方能摇动，一船正好需要600名水手。船分4层，内分舱房及公用厅房，以供船上商人使用。在舱房之中，还附设有小房间，可以储藏私人杂物。乘船商人可以携带妻妾子女同居一所，船员们亦可以携带眷属同住。

　　著名意大利旅行家马可·波罗在游记中写道，元代中国商人往返于印度群岛所乘坐的船只，是用杉松木料造成的，住人的处所只占一个舱面，设有五六十间小房，每位客商可占用一个房间。船底用很厚的木板分为13个舱，由于各部分是隔开的，如船只触礁，水由破处涌入，不致淹没全船。这时水手立即将破损舱内的货物移往别处，以厚板补塞漏洞，而将海水抽吸至舱外，然后将搬出的货物运回原处。每船需要二三百水手来驾驶，能载五六千筐胡椒。在没有风时，则摇橹以行船，一支橹需要水手4人。每艘大船又有两三只较小的船随行，每船能载1 000筐胡椒，所用水手在六七十人至百人之间。无风时也得划桨以行，同时还负有牵引大船的责任。船无论大小，都附带10艘小艇，在船停泊时，小艇专管抛锚及往来海岸采购食物等事。船行时小艇皆悬于船旁。从这些记述中，可以看出元代远洋船舶不但船体更为庞大，容载量更多，船舱结构设置更为合理，而且大小船只配合得力，自成体系，可以发挥多种功能，反映出元代的远洋船舶制造，在实用方面较前代有了长足的进步。

中国古代的海船制造业，自秦汉以来逐渐兴起，到宋元之际已高度发展，趋向鼎盛，为郑和下西洋组建规模空前的远洋船队打下了坚实的基础。

明朝更为重视造船业。为了造船，在钟山设桐园、漆园、棕园，植树数千株。在南京西北龙江关（今下关）设造船场，调取浙江、江西、湖广、福建、江苏等地滨海居民400多户熟练的造船工匠，到南京造船。该船场长350丈，阔138丈，后来曾制造郑和下西洋的宝船多艘。太仓的刘家河造船场规模也很大，也曾建造大型宝船多艘。淮南清江船场的规模更大，有总场四所，分场82处，工人3000多，每年造船500余艘。此外，沿海各省如辽宁的金州、海州（今海城），河北的直沽（今天津），山东的登州、北清河，浙江的明州，福建的漳州、泉州、福州，广东的潮州、广州，内地长江流域的湖北，江西、安徽等省，都有造船场。造船场内分工细致，有木工、舱工、箬篷工、橹工、铁工、索工（制棕索）、漆工等。一些大的造船场，还附设有手工作坊，如帆篷作坊、缆索作坊、铁铸作坊等，并设有木材、桐漆、麻类等物的堆放仓库。因此可以说，明朝的造船业已经初步形成了较为完备的体系。

明朝造船的数量，是十分惊人的。据统计，仅永乐年间（公元1403—1424年）就建造和改造海船近两千艘。其中，永乐元年（公元1403年），朱棣命福建都司造海船137艘；永乐二年（公元1404年），命京卫造海船50艘；永乐三年（公元1405年），命浙江等都司造海舟1180艘；永乐五年（公元1407年），命都指挥汪浩改造海运船249艘；永乐六年（公元1408年），命工部造宝船48艘；永乐七年（公元1409年），命江西、湖广、浙江及苏州等卫造海船35艘；永乐九年（公元1411年），命浙江、临山、观海、定海、宁波、昌国等卫造海船48艘；永乐十七年（公元1419年），造宝船49艘。至于内河航行所用船舶，则造得更多。永乐十三年（公元1415年），运河畅通后，就曾增造浅船3000条。当时在运河中，经常有万艘以上的粮船来往运输，亦可见其造船业发达之盛况。

　　明朝建造船舶的类型也很多，仅战舰一类就有20余种。各种不同类型的船舶是根据不同的海域和不同目的而设计的。如，福船和广船适于海阔水深多岛屿的南海，沙船则更适于浅滩较多的北方水域（当然沙船适航的水域是颇为广泛的），而"艟船""海苍船""鹰船"机动灵活，敏捷迅速，更适合于作战。这多种类型船舰的出现，说明了明朝对船舶的浮性、稳性、抗沉性、快速性、适航性、操纵性等基本原理，已有了较深的认识，造船的工艺水平达到了娴熟的程度。

　　正是由于明朝继承了宋元以来造船的技术成就，并有了新的发展，才造出了郑和下西洋所使用的大型宝船。而大型宝船的建造，则又把明朝的造船技术推向了更高的水平，标志着明朝造船技术的新发展。

　　宝船，长151.8米，宽61.6米，是一种大型沙船。制造这种大型沙船要比制造一般船只复杂得多，困难得多。它需要解决一系列技术问题，需要有很高的工艺水平。譬如解决较大船舶的强度问题要比小船困难得多，而船舶的强度不够，在惊涛骇浪的大洋之中航行，就有断裂的危险。增加船舶的纵向强度，主要是靠龙骨和置于船舶两舷的构件。但是150多米长的大船，哪里去找这么长的独木来做龙骨呢？明朝的工匠采用的是连接技术，他们把几根木头连接起来，而且使它同独木一样坚固增加船舶的横向强度，要靠水密横舱壁。郑和宝船宽61.6米，解决这样宽的船舶的横向强度问题，水密横舱壁也有其独到之处。宝船唯有具备了坚实的龙骨、耐风涛的两舷构件和牢固的水密横舱壁，才能具有足够的强度，才能经得住印度洋的狂涛恶浪。

平稳性问题也是如此。郑和宝船之所以造得那样宽，主要就是为使其在大洋航行中保持平稳。但船型太宽又会使其摇摆的周期增大，会使人感到不舒适。所以郑和宝船一定还有披水板、太平篮等减摇装置。此外，船型太宽又会使其前进的阻力增大，航速减慢。所以宝船采用十二帆和高大桅杆来弥补这个不足，以"云帆高张"来增大速度。但是桅杆高大，制造起来又是一个难题，而多桅在甲板上的布局也是一个重大的技术问题。其他如船舶的下水问题也是比较复杂的。由于成化年间（公元1465—1487年）藏于兵部的有

关下西洋的资料，被职方郎中刘大夏焚毁，使我们今天难以了解这些问题是如何具体解决的。

清末的梁启超，1905年曾把当时世界上最大的商船，美国大北公司的"弥奈梭达"号和郑和的大宝船做了个对比。他说："'弥奈梭达'长六百三十英尺（约192米），广七十三英尺（约22.25米）……然则郑和所乘船其袤殆与'弥奈梭达'等，其幅则倍比有余。以今日之美国仅能造如'弥奈梭达'者二，以当时之中国几能造'弥奈梭达'者六十二。"梁启超还深有感触地说："国民气象之伟大亦真不可思议矣。其时蒸汽机未曾发明，乃能运用如此庞硕之艨艟凌越万里，则驾驶术亦必有过人者。"这就是说，500年后的20世纪初，郑和的宝船在世界上依然是屈指可数的大船（就形体而言），更不用说在当时了。

宝船的制造，创造了世界木船造船史上的奇迹，显示了中国人民的智慧和才干。

第一章 大航海时代的弄潮儿

当世界变革的序幕尚未揭开之前，即 15 世纪上半叶，在地球的东方，在海涛万顷的中国海面，直到非洲东岸的海域，呈现出一幅中国人海上称雄的图景。这一光辉灿烂的景象，就是郑和下西洋。

——英国学者李约瑟《中国科学技术史》

自永乐三年（公元 1405 年）郑和第一次下西洋，至明德八年（公元 1433 年）最后一次出海，总共 28 年。在这 28 年间，郑和率领的船队先后 7 次出海远洋，纵横于太平洋与印度洋，寻访亚非 30 多个国家和地区，最远到达东非的慢八撒（今肯尼亚蒙巴萨），总航行 7 万余海里，相当于绕地球 3 周多。

这是一件足以写进世界文明史的大事件，郑和，也无疑是中国古代最伟大的航海家。

国王血统的家族

郑和本姓马，名和，回族人，明洪武四年（公元 1371 年）生于云南昆阳州（今云南省晋宁县）。

郑和的远祖可以追溯到西域普化力国的国王所非尔，普化力国位于现在的乌兹别克斯坦共和国境内。宋神宗熙宁三年（公元1070年），普化力国遭到邻国的侵略，国王所非尔就率领部下前来归附宋朝，死后追封为朝奉王。

宋亡元兴之际，所非尔的孙子马哈木担任元朝的平章政事，这是个相当于副丞相的从一品的官职，职责是协助丞相处理国家政务。

马哈木之子赛典赤·赡思丁是元朝著名的政治家，他名字中"赛典赤"三字，在阿拉伯语中是对穆罕默德后裔的尊称。赛典赤·赡思丁在中央担任过平章政事，总管国家财政，后来又前往陕西、四川担任行省平章政事，成为地方的最高长官。由于政绩卓著，元世祖忽必烈派他担任云南的第一任平章政事。赛典赤·赡思丁到达云南后，开垦荒地、兴修水利、兴办教育，为云南的开发做出了巨大的贡献，死后被追封为咸阳王。

赛典赤·赡思丁有5个儿子，其中长子、四子和五子都在云南担任过平章政事，赛典赤家族成为云南回族人的祖先。

所非尔的后人在云南定居后，随着与汉族的不断融合，不再采用繁琐的阿拉伯名字，而是像大多数的汉族人一样，以一个字为姓，一两个字为名。据说，赛典赤·赡思丁的子孙们共分为

13个姓氏，而"马"就是其中之一，因为穆罕默德在当时又可以称马罕默德，"马"姓就来源于此。

赛典赤·赡思丁的小儿子叫马速忽，他也担任过云南的平章政事。马速忽之子就是郑和的曾祖父马拜颜，被封为淮安王。

马拜颜之子察尔·米的纳，是郑和的祖父，被封为滇阳侯。

从宋至元，直到郑和祖父这一代，马氏家族世代簪缨，在云南可以称得上是个衣轻乘肥的大家族。

马家世代信奉伊斯兰教，郑和的祖父和父亲都去过伊斯兰教的圣地麦加——当时的天方国都城，这样的旅行显然不是一般的家庭能够负担得起的。可见到了郑和的父亲这一代，马家的这个分支虽不如他们的先辈那样动辄出将入相，但生活还是十分富足的。当时人们把朝拜过阿拉伯伊斯兰教圣地麦加（中国古代称之为天方）的人尊称为"哈只"。"哈只"一词本是由阿拉伯语音转而来，意思是"朝圣者""巡礼人"。

郑和的父亲马哈只，庄重魁伟，性情豪爽耿直，好扶危济贫，因此，很受乡党都里的敬重。1405年，明初数学家李至刚为郑和的父亲撰写的《马哈只墓志铭》说马哈只"生而魁岸奇伟，风裁凛凛可畏，不肯枉己附人。人有过，辄面斥无隐。性尤好善，遇贫困及鳏寡无依者恒保护赒给，未尝有倦容，以故乡党靡不称公长者。"

郑和从小就受到良好的教养，"自幼有材志"。他父亲和祖父朝拜伊斯兰教圣地麦加，来回都是走海路。郑和小时候很可能就从父亲那里知道一些麦加和西洋的情况。这对他后来成为一个航海家具有深远的影响。

少年入宫

如果不是因为朝代更迭，马家平静安逸的生活将会这样继续下去。郑和或许会重复和他的父辈们同样的人生，每天用阿拉伯语诵读古兰经，或者读一些儒家的四书五经，然后渐渐长大，等待着成年后前往麦加的那一次朝圣之旅。但这个几乎可以预见的人生轨迹，却因王朝更迭的巨变而被彻底颠覆了。

早在郑和出生之前，大明的铁骑就已先后平定了福建、广东、广西和四川等南方地区。之所以没有挥师直下云南，一则因云南地处西南，地势险僻；再则，当时云南的统治者——元梁王把匝剌瓦尔密向来偏安一隅，因此明太祖不以为虑。明朝建立初期，面对遍历战火之后残破的江山，明太祖朱元璋也不想再大动干戈，故希望可以通过和平手段对元梁王进行招抚，何况国家的军备重心是抵抗在北方侵扰的北元遗兵。

朱元璋起先派往云南招抚的使臣是翰林院待制王祎，这是一位同明朝开国功臣宋濂齐名的浙东大儒。洪武五年（公元1372年），王祎奉旨前往云南，对元梁王晓以利害，将其此行说成是救助云南百姓免受战火荼毒，并将明太祖对云南势在必得之心重点阐述。这一席话说得元梁王颇有降意，但元梁王对元朝的皇帝一向忠诚，即使在元君败走塞外之后，也年年派使节前往觐见，因而在向大明投诚一事上极为犹豫。洪武六年（公元1373年），新嗣位的元帝爱猷识理达腊派遣使节脱脱到云南征粮，脱脱察觉了梁王有投降明朝之意，就对他进行挖苦与讽刺。元梁王毕竟世沐元朝皇恩，为表心迹，他居然杀了明朝使者王祎。

第一次招抚未果，明太祖并未灰心，又于洪武七八年间（公元1374—1375年）先后派遣了元威顺王子伯伯和湖广行省参政吴云出使云南。伯伯的劝说无效，吴云则在途中被元梁王的臣子谋杀了。

元梁王对朱元璋派来友好劝降的使臣来一个杀一个，毫不手软。朱元璋终于意识到元梁王心意顽固，想要和平解决云南问题是不可能的。无奈之下，朱元璋最终决定诉诸武力。

洪武十四年（公元1381年）九月十八日，在经过数年准备，条件成熟之时，朱元璋下令颖川侯傅友德为征南将军，永昌侯蓝玉、西平侯沐英为副将军，率30万大军征讨云南。

征南大军九月接受皇命从南京龙江出发，十二月攻克普定、下曲靖，直取云南府昆明城。走投无路的元梁王烧了龙袍，逼迫妻子、儿女投了滇池，自己也同左右丞相悬梁自尽。

第二年正月，云南三路七州六县的元朝官员前往蓝玉和沐英的军营投降，这其中就包括郑和诞生地昆阳州的官员。

昆阳州距昆明仅120余里，虽然已经向明军投降，但仍难免被战火波及。郑和家族是元朝贵族，名义上是明朝的敌人。在兵荒马乱中，郑和的父亲不幸去世，还不谙世事的郑和失去了家庭的庇佑，被明军掳入军中。

明洪武十五年（公元1382年）三月，元梁王残余势力肃尽，云南平定。洪武十七年（公元1384年），朱元璋命沐英留守云南，

调傅友德、蓝玉所部班师回到都城南京，郑和就在随行的队伍中。

此时的郑和只有13岁，被送入宫中当了侍从。在中国的封建社会，男子一旦进入宫廷当内侍，就必须进行"阉割"。这一刑罚不但使人在生理上遭到严重摧残，也会在精神上和心理上受到极大的伤害。

郑和，这个原本有着不凡身世的少年，却因动乱经历了巨大的苦难，他的人生轨迹也因此而改变。

朱棣的赏识

在朱元璋的几个儿子当中，朱棣算得上出类拔萃。他不仅在军事上智勇双全，在政治上也颇有雄心和谋略。郑和的一生能够有如此大的成就，与朱棣有着密不可分的关系。

洪武十八年（公元1385年），傅友德、蓝玉所部奉调守备北平府（今北京），协助燕王朱棣在北方的防务。郑和也随军被调入燕王府中服役。而在进入燕王府之前，郑和已经在蓝玉的带领下随军作战两年之久，虽然他的职位不高，却见识了明朝多位名将的风采，也明白了这样的道理：军事，不一定只有刀光剑影；政治，也不一定就是觥筹交错。这对郑和的发展至关重要，为他日后下西洋表现出的政治手腕和军事才能打下了坚实的基础。

郑和自幼有才智，在追随朱棣之后，更是获得了优越的学习条件。朱棣深谋大略，不仅在边防上为肃清残元势力立下了汗马功劳，而且在边政建设上也颇有建树。他悉心经营所管辖地区，使其封地呈现出一派"年谷累丰、商旅野宿"的兴旺景象，获得了朱元璋的赞赏。

郑和作为朱棣的亲信和近侍，不仅可以随时向富有经世之才的朱棣学习处理政治、经济、军事上各种问题的谋略，更有机会了解统治阶级内部明争暗斗的种种内幕，以及为谋取各自的利益所采取的各种手段和策略。无疑，这些都开阔了郑和的眼界，增长了他的才干。

郑和追随朱棣之后，还获得了接受较高教育的机会。在朱棣身边服务的亲随有个不成文的规定，那就是必须具有相当的文化修养。为了能让亲随们与自己推心置腹、密商大事，朱棣选派了知识丰富的文官或儒士入府教授，使内侍们的文化水平得以迅速提高。而且，朱棣府中的藏书十分丰富，这为郑和等内侍们提供了大量的学习资料。

郑和天资聪颖，才貌双全，头脑敏捷，能言善辩，没有一点书呆子的味道，不久便被朱棣看重。郑和能文更能武，他从少年时代便在明军中服役，跟随傅友德、蓝玉转战南北，有着丰富的战斗经历。进入朱棣府后，他常随朱棣出征塞外，在实战中向他学习军事和作战本领。这样的郑和，在后来的靖难之役中表现非凡。

洪武三十一年（公元1398年）闰五月，明太祖朱元璋驾崩，皇太孙朱允炆继承了皇位，改年号为建文。新皇十分年轻，各地的藩王不仅比建文帝年长，还是他的长辈，而且大多拥兵自重。大臣们担心建文帝无法制衡诸藩，劝说他下令各位藩王留在封地，未经允许不得到京城奔丧，朱允炆依言照办。此令下达不久，兵部尚书齐泰和翰林学士黄子澄以西汉分封诸王导致政变为例，建议建文帝削藩，即削夺藩王们的封地，由朝廷统一管辖。削藩的主张在得到建文帝同意后立即组织实施。

齐泰等大臣认为，朱棣在诸位藩王中势力最大，削藩如果从他开始，不仅有难度，而且有危险。而河南周王朱橚相对懦弱，封地又与燕王朱棣的封地相邻，废了周王，此后再削其他藩王，在法理上就顺理成章了，客观上又斩断了燕王的羽翼。于是，他们首先从周王朱橚下手，随后就是岷王朱楩、湘王朱柏、齐王朱榑、代王朱桂，均极为顺利。

朱棣文韬武略，本就有意于帝位，更何况现在面临着"人为刀俎，我为鱼肉"的局面，岂能甘心坐以待毙？然而，皇帝是至高无上的，无论他做了什么，作为臣子都不能反抗，否则就是谋逆，就是乱臣贼子，人人可以得而诛之。

不过，皇帝不能反，皇帝身边的"奸臣"却是可以诛杀的。于是，朱棣以国有大难，保护皇帝，诛杀齐泰、黄子澄等"奸臣"的名义，在燕起兵，史称"靖难之役"。

朱棣发动"靖难之役"的时候，郑和已经29岁了，正是风华正茂的年龄。在南征北战中，郑和逐步展示出杰出的军事才能，因此深受朱棣的信任与重用。特别是在建文元年（公元1399年）十一月，燕王军队与曹国公李景隆军战于郑村坝，郑和带领的燕王军大胜，为朱棣的最终胜利奠定了基础。

朱棣率军在肃清燕地效忠于建文帝的武装力量后，又粉碎了建文帝派遣的由耿炳文、李景隆等率领的北伐大军，于建文四年（公元1402年）占领了南京。

这场持续了整整三年的"靖难之役"，终于在建文四年六月以燕王胜利攻下南京告终。朱棣诛杀了齐泰、黄子澄等50多个建文帝身边的大臣，但他声称要保护的皇帝却失踪了。

据《明史》记载，就在朱棣攻下南京的那一天，皇宫起了大火，建文帝下落不明。但燕王进入皇宫后，却命令宫中的宦官们从火场中抬出了建文帝和皇后的遗体，并在8天后将他们安葬。这段史实疑点甚多，既然最后能在火场中找出皇帝和皇后的尸体，为何一开始说下落不明？所以后人有很多猜测，并演绎出多种版本，有的说建文帝通过密道逃出皇宫，出家当了和尚；也有的说他逃到了海外，以至于《明史》中都认为寻找逃亡的建文帝是郑和下西洋的一大原因。但这些都只是传说，并没有确凿的证据。不过不容置疑的是，建文帝的皇位被他的叔叔占有了，而这位不久后登基的皇帝，确认了建文帝已经死在大火中。

历史往往会对人开玩笑。据说建文帝秉承乃祖训诫，对宦官极为严苛，动辄加以惩戒，导致这些宦官们在战争中主动为燕王做内应；而燕王信任宦官，使郑和这样的侍从忠心耿耿，帮助燕王取得了"靖难之役"的胜利。燕王，也就是后来的明成祖，对宦官信任和重用，开创了明朝宦官参政的传统，并造就了中国一位伟大的航海家——郑和。当然，时年33岁的郑和对此却一无所知，他或许还在为新皇帝的登基大典忙碌着，又或许正在以胜利者的姿态俯瞰这座阔别了18年的京城。他现在已不再是一个卑微的太监，而是朱棣最为信任与倚重的部下！

明成祖朱棣即位后不久，就萌生了遣使下西洋的念头。在中国历史上，任何一个朝代都不曾在海外有过这样大规模的航海外交行动，在世界历史上也同样没有发生过类似事件。没有历史的经验可以借鉴，实施起来的风险可想而知。而其中首先急需解决的一个问题就是派谁去完成这一艰巨的使命。

朱棣经过反反复复的斟酌，从文武百官到儒士亲信，最终将目光定格在了郑和身上。此时的郑和已经从初入燕王府的机智少年，成长为一位身材魁梧、有勇有谋的人，颇有大将之风。史家对郑和的评价为"丰躯伟貌，博辩机敏""有智谋，知兵习战，帝甚倚信之"。

传说朱棣能够选定郑和，

也有很大一部分原因是靠鸿胪寺序班袁忠彻的推荐。袁忠彻和他的父亲袁珙，都是当时著名的相士。据说袁珙当年在北京燕王府的时候就预言明成祖40岁之后能登上皇位，后来果然应验，所以明成祖十分信任袁氏父子。既然袁忠彻认为郑和面相奇佳，能够担当大任，那么明成祖确实很可能就此做出决定。当然，郑和本身优秀的政治军事才能，以及回族人的特殊身份，肯定也是明成祖选择他担起重任的重要原因。

前面已经说到过，郑和本姓马，名和。永乐二年（公元1404年）正月初一，为表彰郑和在"靖难之役"中立下的汗马功劳，朱棣亲赐"郑"姓，并擢升他为内官监太监。

内官监是明代侍奉皇族的专门机构之一。当时侍奉皇族的有二十四衙门，即十二监、四司、八局。内官监是十二监之一，主管宫室陵墓的建造、铜锡饰品的铸造以及各种器皿的购置等。郑和就是内官监的主管太监。因其旧名"三保"，后来人们又称他为"三保太监"。

郑和受到明成祖朱棣如此厚待，一方面源于他的功劳，但从另一方面来说，这也预示着郑和将被委以重任。郑和深受皇恩，他可能也预感到自己将要负起的重大使命，为新王朝建功立业。

受命出使

明成祖朱棣派遣郑和率领当时世界上规模最大的海上舰队扬帆出海，究竟是为了宣扬大明朝的国威，还是为了睦邻友好的远交近抚？是为了拓展明朝的对外贸易，还是为了寻找传说中流亡海外的建文帝？又或者，如一些研究者所说，是为了清剿或招抚元末农民起义军的残部，探询海外各国的军事实力？600多年来人们众说纷纭，到现在也没有一个确切的答案。

不管动因如何，郑和七下西洋这一壮举，极大地拓宽了大明朝的海上视野。

明成祖朱棣是借"靖难"名义，篡位登基的。以正统的观念来说，他这个皇帝做得名不正言不顺，这是朱棣终生挥之不去的心病。但是不得不承认，朱棣确实是一位有抱负、有作为的皇帝。他亲历其父朱元璋如何治国。在登基后，他进一步执行了明太祖的治国方针，全力促进农、工、商的发展，不仅迅速医治好了战争的创伤，而且使得洪武时期社会经济初步呈现繁荣昌盛的局面，至永乐朝趋向鼎盛。据《明史·食货志》记载，"是时宇内富庶，赋入盈羡，米粟自输京师数百万石外，府县仓廪储积甚丰，至红腐不可食"。在永乐一朝，全国人口、税粮征收、丝棉布帛等征收的数字，都创下了明朝近300年中的最高纪录。

在中国漫长的封建社会里，汉朝有过"文景之治"，是为封建社会初期的盛世；唐朝曾出现过"贞观之治"，素称封建社会中期的盛世；明成祖朱棣在位的22年间，社会经济高度繁荣，内政外交成绩卓著，成为明代的极盛时期，也不愧为封建社会后期的盛世。

元明之间的朝代更替对于西方人来说，不是一个东方朝廷政治脸面的变换，而是切实地关系到了他们的生死存亡。受歧视多年的汉族人在获得政权的过程中将西方人视为和蒙古人一个阶层的敌人。西方人和蒙古人一起随着朱元璋建立的明朝退出了中国的领土，东西方的文化交流和贸易往来遭受到了自古以来最严重的影响。

在郑和出生3年前，朱元璋建都南京，国号为明，是年为洪武元年。在农民出身的朱元璋脑海中，以农为本的意识根深蒂固。他登基之后更多考虑的是尽快恢复农业生产。在朱元璋看来，海洋贸易往来大多都是不适合民间使用的奢侈品，对小农经济来说并没有太大的好处，交换回来的物品无法用以养民强兵。而疏通由于长期战乱而遭破坏的大运河运输系统，对加强集权统治则是有帮助的。

另一方面，朱元璋虽光复了中原，将蒙古人逐出塞外，但其残余势力仍颇强大，所以朱元璋所建立的新王朝，不得不将西北边缘地区对中原安全的威胁视为头等大事；同时，东南沿海地区方国珍、张士诚的残余势力逃入沿海岛屿，对陆上安全仍构成隐患；此外，倭寇也开始侵扰东南沿海，构成一定的威胁，这也是不得不考虑的。朱元璋王朝建立之初，同时面对海陆两面的威胁，所以被迫采取守势战略；无论西北或东南，都一律采取防御部署以对抗可能发生的外来攻击。在西北方面，派遣诸将重兵守边；在东南方面，除沿海设置卫所，建立海防部队外，严禁人民出海与外人接触，此即所谓"片板不许入海"的海禁政策。明初的海禁主要是禁止沿海民众私自下海与外国人通商，同时也是为了制止海盗与倭寇勾结，侵扰沿海地区。

朱元璋和中国大多数开国皇帝一样，稳定政权是第一需要，而使用的方法也大同小异，都是通过削弱功臣的力量并将军政大权高度集中到自己手中。朱元璋在称帝的30年中，通过各种借口基本上肃清了开国功臣的力量。当初带兵攻打云南的大将傅友德和蓝玉等都被处死。在另一方面，通过"胡惟庸案"废除了丞相制度，六部政务都直接向皇帝个人直接汇报。朱元璋的统治方针影响了其后明朝所有帝王，对中央集权的要求成为历代皇帝的第一要务。

虽然朱元璋通过极端的手段将大权牢牢地掌握在自己的手里，但他的所作所为又在客观上为几十年后郑和下西洋做好了某种程度上的重要准备，主要分为3个方面：

首先，朱元璋称帝时诏告海外各国继续来朝贡，但是他看出了这些朝贡对明朝来说并没有多少实质性的经济利益，于是规定了每次朝贡的时间间隔、人员数量和船只大小等。即使这样，也为郑和下西洋积累了相当多的东南亚各国资料。

其次，洪武一朝30多年中最为重要的建设要算农业建设了，通过持续鼓励农民开荒，在明朝建立20年的时候全国的耕地面积已经比开国时增加了5倍。这为郑和下西洋进行了先期的财富积累，否则朝廷无法支付每次出航需要的大量物资。

第三，朱元璋虽然靠着开国大将们得到了天下，但是在治理上却把主要权力分封给了各位王子，而四王子朱棣得到了元朝的都城北京，并且拥兵自重。这或许是其中最重要的一个原因，正是这位四王子朱棣最终夺得了天下，而朱元璋赏赐给他的小太监郑和成为他的心腹，并在他在位期间率领世界上最大的船队成功出使西洋。

朱棣的燕王府在元朝的都城北京，当年各国来往的使臣、商人们在城外建造了不少异国风情的建筑，而且元朝的故事也给朱棣留下了深刻的印象。多年和北方蒙古人的交战也给他带来了不少关于西方的知识。在这一点上，朱棣和居于南京的父亲朱元璋有着很大的不同，洪武皇帝取得天下后主要致力于维持已有领地的安宁和富强，而对朱棣而言，元朝鼎盛时期的庞大国土更能打动他。于是在中国历史上，朱棣是唯一五次御驾亲征大漠的皇帝。虽然朱棣没有取得成吉思汗那样的胜利，但是对稳定边疆起到了相当大的作用。朱棣如此不惜耗费巨大的人力和物力的远征也足以看出他的疆土意识有多么强烈。他的土地梦和海洋梦维系了整整一生，一直到他第五次率兵亲征死在蒙古大漠的军营里。

朱棣还派遣女真人出身的太监亦失哈带领1000名士兵和25艘船去管理女真人的地方，并设置了奴儿干都司以行使统辖权。在西部藏地问题上，朱棣同样派遣了一名太监侯显，并且听从他的建议招安活佛间接统治西藏，实现了长时间的和平。朱棣之所以在疆域问题上频频使用太监，一是因为太监在"靖难之役"中给予了他极大的帮助，二是因为太监属于内宫官员，难以和外臣勾结图谋不轨。所以，当朱棣想要实现大洋之梦的时候派遣的仍然是一名太监，即郑和。

朱棣称帝之后，周边国家并没有介意他是个"篡位"者，来朝贡者依然，只是数量比起洪武年间要少了一些。东边的朝鲜和日本朝贡很及时，一是他们畏惧明朝的武力，二是他们在朝贡中获得大量的馈赠，尤其是日本，在中国获得的大量钱币甚至在本国充当了货币。对于东南亚各国，朱棣登基后实行的依然是朱元璋的"宣德化而柔远人"的政策。

那么，下西洋的目的究竟是什么？

从朱棣在永乐元年（公元1403年）就命令各处筹备建造海船的材料来看，下西洋是朱棣在靖难之时乃至更早时候就有想法的。关于郑和下西洋的目的，自古以来有各种不同的说法，总结一下大概有以下几种：

第一，寻找失踪了的建文帝。朱棣率兵攻进南京的皇城之后，建文帝便失去了踪影。对于这个由朱元璋指定的皇位继承人，朱棣还是心有忌惮的，毕竟建文帝才是正统。此后的数年中不断有传闻说建文帝出现在西南甚至海外，而身份大多是僧人。朱棣在位时处死了十几位被谣传为建文帝的僧人，对建文帝在海外的消息则难以确定。朱棣担心海外一些别有用心的势力会利用建文帝的特殊身份建立小朝廷乃至反扑，因此派遣郑和探询建文帝在海外的踪迹。郑和的船队虽然装载着大量货物，但是主要船员还是士兵，这些士兵从海外归来时就留在南京执行戍守职责。

关于建文帝的真正下落，即使到现在也依然是中国皇族历史中最神秘的事件之一，几百年来各种说法莫衷一是。但

在今天看来，兴师动众七下西洋，前后长达28年之久，如果仅仅是为了对付一个已经失去帝位的朱允炆显然也太小题大做了。尤其是到了后期，朱棣的统治已经非常稳固，人们也已将朱允炆逐渐忘却，朱棣又有什么理由再将这段他最不愿意提及的事情重新唤起呢？事实上，郑和在海外的活动很少能与寻找朱允炆联系在一起。

第二，清剿或招抚张士诚、方国珍在海外的残部。张士诚等和朱元璋当年一样，都是反元义军，但是成者王败者寇，朱元璋最终击溃了张士诚、方国珍的军队，迫使其残部逃到了海岛之上，成了落草的海盗。他们甚至与倭寇勾结在一起，从事走私与打劫的勾当。朱棣担心这些人在海外壮大起来，因而派遣了近3万人的庞大船队出行西洋，在宣威的同时如果遭遇这些反明势力可以一举剿之。郑和下西洋确实也担负有清剿海盗的使命，其中最著名的便是一举剿灭盘踞在旧港的陈祖义集团。但张士诚、方国珍的残部大多在近海，而且对明朝的威胁并不是很大，应该不需要这般大张旗鼓。所以说清剿或招抚张士诚、方国珍在海外的残部至多只能算是一个附带的任务。

第三，探询海外各国军事实力。朱棣久居北京，听说元朝旧事定然很多，其中必有关于西方大国的描述，郑和的船队在永乐年间六下西洋，不仅到过东南亚各国，而且其大队和分队到过阿拉伯和东非，详细地了解沿途国家的基本军事情况。郑和下西洋虽然远至东非，但主要的活动地点是在东南亚一带，这些地方的国家都不可能对明朝构成威胁。事实上，不但明朝，中国的历朝历代都没有谋求海洋霸权的意图。

第四，抗衡新兴的蒙兀尔帝国。元朝灭亡后不久，其后裔帖木儿在中亚建立了一个新的蒙兀尔帝国。帖木儿趁朱棣与朱允炆交战之机，纠集势力，卷土重来，企图重建蒙古人在中国的统治。永乐二年（公元1404年），帖木儿集中兵力四五十万人，准备进攻中原，这与明成祖第一次派遣郑和出使西洋的时间正好吻合。所以很多人认为其目的是联合印度洋周边国家组成联合阵线，以围堵帖木儿的扩张，并牵制其对中国的行动。不料在郑和奉命出使的同一年，帖木儿突然病死，威胁自然解除。但此时郑和已经出航，自然不能半途折返。所以原始战略目的虽已消失，但仍继续执行其外交任务。因为蒙兀尔帝国仍然存在，足以使中国与西方的陆上交通受阻，因此有必要从海上另外打开一条通道。警惕元蒙余部的卷土重来始终是朱棣执政的一大重心，对此可以从他迁都北京，以及多次御驾亲征得到证明。但元蒙余部的势力范围毕竟在西北，为此说要在数十年间耗费巨大的财力、物力和人力屡下西洋，终究比较牵强。

　　第五，向海外各国展示大明国威。从朱棣为亲王时能征善战，为皇帝时5次亲征漠北中可以看出，他不仅是个有着雄才大略的皇帝，也是个喜欢炫耀军功的皇帝。每次亲征他都会耗费巨大的国家财政支出，而郑和下西洋同样如此。在郑和第一次下西洋时，连素有"鱼米之乡"之称的江浙也爆发了饥荒，户部尚书夏原吉不得不亲自去解决饥荒问题，而在同时，国家的征伐和海外远航计划没有半点改变。朱棣完全是以天朝上国的天子身份面对随着郑和船队来朝贡的国家的。海外来朝的使节们在中国境内私自交易，朱棣也不加以阻止，并说"远方之人，知求利而已，安知禁令"。即使在爪哇国西王杀害了郑和部下170余人时，朱棣也没有命令郑和攻打该国，只是责令爪哇赔偿6万两黄金。爪哇国只赔了2万两，朱棣也大度地不予追究。他所说的话表明了他对海外各国的态度："朕于远人，欲其畏罪而已，宁利其金邪？"外国国王和使节在永乐年间不断来华朝贡觐见，对朱棣命令郑和六次下西洋起到了不小的推动作用。向海外各国展示大明国威，确实是下西洋的目的之一，这在《明史》上也有明确记载。但为什么要向海外各国展示大明之国威，在这背后是否还存在更隐秘的目的，依然需要探究。再说，将这样一个震撼古今的壮举全部归结为皇帝个人的好大喜功是否恰当，也值得商榷。

第六，为明代兴起的工农业寻找海外市场。经过洪武30年的努力，明朝的农业发展已经获得了很大的进步。在洪武二十八年（公元1395年）时，朱元璋满意地说国内的农业生产已经相当好，满足了军国之需，已处于较高水平。虽然"靖难"战乱损害了正常的经济发展，但是在朱棣的治理下很快得到了恢复。以江南苏、松、嘉、湖为中心的丝绸纺织业，以南京和福建、广东沿海地区为领先的造船业，分布于两淮、两浙、山东、福建、陕西、广东、四川、云南等地的制盐业，福建、浙江、陕西、云南诸省的银矿业，江西、湖广、山东、广东、陕西、山西以及河南、四川的冶铁业，江西景德镇的制瓷业等都已经具备相当规模，盛极一时。即使国内流民仍然大量存在，但从政府财政上来看，已经基本上能够满足南征北战和郑和出海的需要了。明代的丝绸、铁器和瓷器制造量很大，在对外贸易中可以交换到金银以及国内需要的香料等。明代前期是中国历史上经济最繁华的时期之一，尤其是手工业的突飞猛进，使得社会生产水平跃上了一个新台阶。生产力的提高导致用以交换的商品大量出现，市场开始繁荣，这就具备了开拓海外市场的前提条件，所以人们一般认为，明代已经孕育了资本主义的萌芽。郑和船队也确实携带了许多中国的手工业产品，所到之处与对方进行货物交换，使得优质的中国商品在海外市场大受欢迎，反过来又促进了国内的生产。但是，当时的中国仍然是一个以自给自足的小农经济为基础的高度集权的封建社会，商品经济所占的比重非常小。当时朝廷也明确表示，下西洋不以经济为目的，"厚来薄往"。

第七，以官方贸易的名义促进民间贸易。明太祖朱元璋在开国时立下了禁止沿海百姓私自出海的命令，明成祖自然不敢违背祖训。但是他寻找到了另外一条道路，就是通过郑和下西洋这种官方行为和海外各国开展贸易，一方面仍然执行太祖的民间海禁政策，另一方面制造了当时世界上最为庞大的船只，组建了最庞大的船队。在永乐年间，郑和六次下西洋，也是为了持续地有规律地进行中外贸易。此外，当时朱棣已经决定要将都城迁往北京，需要大量的奇珍异宝充实内宫，所以也具有"政府采购"的性质。然而，正如前面分析的那样，七下西洋政治色彩浓而经济色彩淡，如果是为了贸易，那是得不偿失的。

类似的观点还有许多，似乎都有一定道理，但又很难让大家都信服，或许真正的原因只有朱棣一个人明白吧，我们只能推测当年朱棣让郑和下西洋，应该不是出于一个单一的目的。而将这些目的综合起来，并且结合当时的情形分析，还是能够揣摩出一些端倪的。

朱棣因为是"靖难"称帝，所以在当权之后必须尽快平息或者转移国内对其非正统夺权的不满，这就需要有大动作。免除战乱地区赋税，扶持农业发展，加强边境安全，化归万国等一系列措施，能使社会稳定，经济发展，扭转朝廷和民间对其不利的看法，这是内政，这方面朱棣做得是不错的。但光凭这点还不够，还需要有外交方面的建树。以往的统治者为转移国内的不满，通常会选择对外发动战争的方式，人为制造危机以煽动民族情绪。朱棣不屑于这样做，他要向世界展示文明大国的风范。

朱棣有心通过重建南海国际秩序来树立自己的形象。这里还有个特殊的背景：中国大陆与南海诸国的贸易交往历史悠久，到了宋元时期已经非常兴盛，各国使节也定期前来觐见朝贡。由于朝代的更迭，特别是朱元璋奉行将朝贡与贸易挂钩以及海禁的政策，情况发生了很大的变化。到了朱棣夺取政权之际，通过海路前来朝贡的只有琉球、占城、真腊、暹罗四国。其他区域强国的崛起和海盗的猖獗，这是朱棣不能容忍的。他需要通过一个震慑性的行动来警告那些不听话的藩国，重建南海秩序。这样既能够满足民众对一个强盛的泱泱大国的期待，同时也满足朱棣本人做一名像汉武帝、唐太宗那样的君主的欲望。

明成祖朱棣是中国历史上唯一支持持续航海远征的皇帝。朱棣既不选择武力征服，也不选择殖民以经济掠夺，而是以文明的方式走向世界舞台。

综上所述，正是朱棣的个人意愿，成就了郑和下西洋这一伟大的历史事件。也正因如此，在朱棣病死漠北之后，郑和的船队也不得不停歇在南京，直到宣帝时才又有了一次出海的机会，而此后便销声匿迹了。

第三章 盛世航海梦

　　思想有多远，步伐才能走多远；目光有多宽广，胸怀才能有多博大。

　　600多年前，郑和率领15世纪世界上规模最大的远洋船队，开辟了中国古代史上最长的远洋航道。这次远航，万人出征，百舸齐发，帆阵如云，旌旗蔽天，其规模之庞大、组织之严密、装备之精良、气势之旺盛，让亚洲任何一个国家乃至所有欧洲国家的海军联合起来都无法匹敌。

　　棹桨起落间挥洒着科技强劲的实力，篷帆张举中鼓舞起创新求索的精神。

造船的热情

　　永乐皇帝的盛世海洋梦，恐怕是历朝历代帝王中的一个例外。正是由于他的巨大热情，在中国古代史上才有了郑和七下西洋这一史诗般的传奇。

　　郑和的舰队，被誉为当时世界上实力最强大的海上军事力量。这支梦幻般的海上舰队，究竟由怎样的船只组成？

明朝永乐三年（公元1405年）至宣德八年（公元1433年），郑和率领船队七下西洋，以明王朝强盛的综合国力为后盾，规模庞大，历时28年之久，遍及亚非三四十个国家和地区。这极为壮观的远航，充分证明了中国当时拥有世界上最强大的海上力量，中国的造船技术和航海能力是世界上其他任何国家都无法企及的，达到了古代航海史上的巅峰。

在郑和出海为大规模远航做海上探险准备之时，相关的准备工作也紧锣密鼓地进行着。大规模的远航需要准备大批的海船，一道道建造和改造大量海船的命令，从明宫廷中发出。仅就《明实录》中的记载：

永乐元年（公元1403年）五月辛巳，命福建都司造海船137艘。

永乐元年八月癸亥，命京卫及浙江、湖广、江西、苏州等府卫造海运船200艘。

永乐元年十月辛酉，命湖广、浙江、江西改造海运船188艘。

永乐二年（公元1404年）正月壬戌，命京卫造海船50艘。癸亥，将遣使西洋诸国，命福建造海船5艘。

永乐三年（公元1405年）五月丙戌，命浙江等都司造海船180艘。

永乐三年十月戊寅，命浙江、江西、湖广及直隶、安庆等府改造海运船80艘。

永乐三年十一月丁酉，命浙江、江西、湖广改造海运船13艘。

如此等等，在当时的中国，简直是掀起了一场大造海船的热潮。

当时，为了适应大规模航海的需要，在船舶准备方面的一个显著特色，就是在建造新船的同时，加速对原有海船的更新改造，保持船龄年轻化，保证所动用的已有船只与新造海船一样，是当时世界上第一流的海船。

郑和为了不负使命，经过认真的学习和研究，并通过航海实践准备工作，积累了丰富的学识，也更熟悉相关的情况。

在完成海洋调查的任务以后，郑和紧接着就忙于组建下西洋船队，他首先关心的是调集远航所需要的各种船只。按照计划，第一次下西洋要组织一支27 800余人的庞大船队，需要动用208艘船只，其中大、中型宝船有63艘，战船100余艘，水船和粮船40余艘。

郑和访问亚非各国所用的海船，据各种史书记载有很多名称。有的叫作"宝船""宝石船""宝舟""龙船"，也有的叫作"巨舶""巨艇""大舶"，有的则称为"大八橹""二八橹""八橹船"等等。从这种种名称可以看出下西洋所用船舶的规模以及在民众中的显耀印象。除了统称以外，这些船只各自还有好听的名字，比如清和、惠康、长宁、安济、清远，在这些名字里也包含了人们的美好愿望：航海平安、盛世昌荣。遥远的航行不仅象征着国家的实力，也蕴涵着平民百姓的幻想与愿望。

郑和率领的船队，不仅规模宏大，而且组织严密，是公元15世纪世界上规模最大的船队。

郑和船队规模的宏大，首先表现在船舶的数量大，种类多。郑和率领的船队，有大海船60艘左右，连中小船只在内，有百余艘，有时多达200余艘。据《崇明县志》和《太仓州志》记载，郑和第一次出使西洋，自浏河出海时，有海船208艘。

在郑和船队中的大海船称作"宝船"。顾名思义，"宝船"乃取宝之船。宝船是郑和船队的主体。郑和下西洋时所携带的各种物品，从西洋换回来的奇珍异宝都在这种船上。据明钞说集本《瀛涯胜览》卷首所述，"宝舡六十三号，大者长四十四丈四尺，阔一十八丈；中者三十七丈，阔一十五丈"。除大、中两种类型宝船以外，郑和船队中还有一些辅助船。辅助船之一是"水船"。跟随郑和下西洋的巩珍，曾描述过这种"水船"。他说，"海水卤咸，不可入口，皆于附近川泽及滨海港汊，汲取淡水。水船载运，积贮仓储，以备用度，斯乃至急之务，不可暂弛。"可见，"水船"是这支庞大船队中的重要辅助船。它对解决两三万人的淡水供应，胜利地完成远航，确实是极为重要的。

郑和船队中，是否还有其他辅助船或其他类型的船呢？在罗懋登的《三宝太监下西洋记通俗演义》一书中，说郑和下西洋的船舶有5种类型。第一种叫"宝船"，有九桅，长四十四丈四尺，宽十八丈；第二种叫"马船"，有八桅，长三十七丈，宽十五丈；第三种叫"粮船"，有七桅，长二十八丈，宽十二丈；第四种叫"坐船"，有六桅，长二十四丈，宽九丈四尺；第五种叫"战船"，有五桅，长十八丈，

宽六丈八尺。《三宝太监下西洋记通俗演义》是一部小说，其所讲的情况，肯定是经过文学加工的。虽不可尽信，但也有一定的参考价值。从这里可以看出，郑和所率船队的船舶，有的用于载货（其所谓"宝船""马船"，实际上就是大中两种类型之宝船），有的用于运粮，有的用于作战，有的用于居住，分工细致，种类较多。总之可以说，郑和船队是一支以宝船为主体、配合以辅助船只组成的规模宏大的船队。

郑和船队规模的宏大，还表现在"宝船"的"体势巍然，巨无与敌"。

"宝船"属沙船型。在中国，沙船是一种历史悠久、用途广泛的船型。沙船的特点是底平、方头、方艄，与今日之大型登陆舰的舰型有相似之处。如前所述，大型"宝船"长四十四丈四尺，宽十八丈，中型"宝船"长三十七丈，宽十五丈。这是明朝的计量标准。明代工部尺一尺相当于 0.311 米；明代造船习惯用淮尺，一淮尺相当于一点一工部尺，合现在 0.342 米。据此可知，大型"宝船"长约 151.8 米，宽 61.6 米；中型"宝船"长约 136.5 米，宽 51.3 米。在 570 多年以前，这么巨大的船体，确实堪称"体势巍然，巨无与敌"。

"宝船"之大，从其设备上也能略窥一斑。"宝船"系多桅、多帆的大型帆船。费信说，它航行时张十二帆。罗懋登讲，"宝船"有九桅，它的一个锚有几千斤重。"宝船"的舵也十分可观。1957 年 5 月，在南京市下关三叉河附近的中保村明朝生产"宝船"的旧址，发掘出一个巨型舵杆，是铁力木制作的，全长 11.07 米，即有三四层楼那么高。估计在这样的舵杆上安装的舵叶高度为 6.35 米，也有两层楼那么高。有人估计，郑和船队中最大的海船是 1500 吨级的，也有人估计是 2500 吨级的。这在当时确实是世界上最大的船舶。

在郑和的船队中，这种"宝船"的数量是不少的。据记载，郑和第一次下西洋有 62 艘（一说 63 艘），第三次有 48 艘，第七次有61艘。500多年以前，中国能建造如此众多的大型海船，建造技术达到了当时世界上的最高水平，这不仅表明了中国劳动人民的勤劳、智慧，而且也表明了明朝前期中国在经济、文化以及科学技术领域仍居于世界领先的地位。

500多年前，郑和率领着由航海巨舶——"宝船"为主体的百余艘的庞大船队，"维绡挂席，际天而行"，确实是浩浩荡荡，雄伟壮观。不仅在当时没有任何一个国家的任何一支船队能够与之相比，就是近百年后欧洲航海家的船队与之相比，也黯然失色。公元1492年，哥伦布从西班牙的巴罗斯港开始美洲航海探险时，只有3只帆船，90名水手。最大的一条船"圣玛利亚"号，载重只有250吨，不过是郑和大船的1/10。哥伦布航行了一个月，一条船就被大海吞噬了，另外两条抗不住大西洋的风涛，千疮百孔，漏水严重，最后总算勉强到达了美洲。公元1479—1498年，葡萄牙航海家瓦斯科·达·伽玛远航印度的船队，是葡萄牙国王麦纽尔亲自派出去寻找香料产地的。按照葡萄牙航海家的评价，他的船只是亨利公爵革新葡萄牙船业后的产品，是当时欧洲最好的舰船。但他的船队只有4只船，旗舰也只有80英尺（不到25米）长，载重量120吨，另外还有一条100吨的船，以及一条50吨的船。这3只船

的总吨位，还不到郑和一艘大船的1/8。郑和船队平均每条船载人二三百，大宝船至少可容四五百人，甚至可达千人，而瓦斯科·达·伽玛3只船总共才有160人。他们返回里斯本时，只剩下两只小帆船，海员生还者还不到一半。环球航行的麦哲伦船队，也不过由5只帆船组成，其中130吨的两只，90吨的两只，60吨的一只，总吨位也只不过是郑和一艘大型"宝船"的1/5。这支船队回到西班牙时，只剩下1条船，265名水手，生还的只有18人，麦哲伦本人也死在异乡。他们的远航损失之所以如此惨重，船小抗不起风浪是其重要原因之一。与他们相比较，郑和船队的宏大规模，确是他们望尘莫及的。

明初造船业分布范围极广，洪武二十六年（公元1393年）曾规定："如或新造海运船只，须要量度产木、水便地方差人打造。"（摘自《明会典》）凡在海运交通口岸或对外贸易基地，或海防驻军的卫所，都有官府经办的船场：北起松花江，南到广东沿海，东至黄海边，造船工场遍布全国，其中以江苏、福建、湖广、浙江等地最为发达。李约瑟在他的《中国科学技术史》第四卷第三章中写道："明代文献中有关郑和船队旗舰的尺度，乍看似乎难以相信，但实际上丝毫不是'奇谈'。"接着他还对明朝的水师加以概括："在明朝全盛时期（公元1420年前后），其海军也许超过了历史上任何时期的亚洲国家，甚至超过同时代的任何欧洲国家，乃至超过所有欧洲国家海军的总和。"在这种背景下，宝船的制造无疑也呈现出热火朝天的场面。

这些宝船中的大部分是位于南京府城西北的龙江宝船厂建造的。这个全国规模最大的海船制造厂，是专为打造下西洋宝船而建立的。宝船厂既能成批建造大、中型宝船，又能承造郑和船队中规格较小的海船，如1000料、1500料海船、八橹船之类。当年这里地势开阔，直通长江，宝船造好后，可以自宝船厂开船，从龙江关进入长江水道，驶入大海。

据载，这个造船厂自明太祖时设置以来，在明代持续存在。虽然几经盛衰，但是一直代表当时造船的最高水平。在太祖至成祖时代，这个工场处于龙江船厂提举司的管辖之下。每年有大批的能工巧匠从江西、福建、两广、浙江等地被召集而来，在这个代表了盛世荣耀的工场中工作。他们被分为四组，采用分工体制从事船舶的建造，使远洋的梦想越来越接近现实。到了成祖一代，龙江造船厂迎来了它的鼎盛时期。广阔的场地上，不仅有许多船坞，还有许多制图的作坊以及放置材料的仓库。每年这里新造的船舶多达200艘，并承担着船舶的修理工作。一凿一斧，一心一念，工匠们把自己的理想灌注进艰巨的劳动中，他们曾经是那样期待着从自己的手里诞生出金碧辉煌的船舶，想象着宝船扬帆海上的壮丽场景。一个时代的光荣不仅表现在遗迹的记载中，那些豪气和艰辛也沉默而永久地留在了种种遗迹的背后。

郑和在筹划组建船队的各项事务时，对建造宝船的事很是关心，

在百忙之中，常约同工部分管造船的官员，一起到宝船厂视察，帮助解决造船过程中遇到的难题。他从大规模远航的难度出发，对宝船的质量要求、技术指标做进一步的界定，并按新的标准，在南京下关草鞋峡下游古靖安河入江处附近的稳船湖试船，对已造好的宝船做进一步的质量检查。

龙江造船厂遗址在南京郊外的中保村，现有一道高高的堤坝把它与长江隔开，没有直接相连。如今这里是一片平地，当年造船工厂的风貌在地面上没有留下任何实物。虽然在郑和死后120年即公元1553年出版了《嘉靖龙江船厂志》，但是其中并没有做详细的介绍。当日船厂的景象随着郑和时代的逝去流散在满地尘埃中。

许多人对郑和宝船的大小，提出过不同意见。《明史》对郑和宝船的记载是"长四十四丈，宽十八丈"。这样正可得到旁证：一个作塘，不仅能容下一条宝船，甚至还可以同时容纳2—3条宝船，所以这个宝船厂遗址，不仅具有文物价值，也可以对有关史料起旁证作用。近几十年来，在这些作塘中曾先后出土过不少有价值的文物，如举世闻名的11.07米长的大舵杆、巨型绞关木、铁锚等等。这些与造船有关的实物，虽然还无法断定是否是郑和遗留下来的原物，但至少是与宝船有关的船舶部件。

中国的造船厂很早就已经具有船坞的设备，在沈括的《梦溪笔谈》里，记载了熙宁年间（公元1068—1077年）使用船坞造船的记事。而郑和宝船以大杉、松树木为材料，这些材料被编制成木筏，从湖广、四川、贵州等长江上游地区沿着水流漂摇而下。值得注意的是，船坞部分特别选用铁力木，那是从更遥远的云南运来的价格不菲的坚硬木材，它们大多产自印度、缅甸和越南。可以说，宝船从质料到成型出海都在一个旅行的过程中，仿佛远游就是它们的天命。

郑和下西洋其规模之大、人数之多、范围之广，无论是在中国历史上还是当时的世界历史上都是绝无仅有的。郑和下西洋比哥伦

布发现新大陆早87年，比迪亚士发现好望角早83年，比达·伽马发现新航路早93年，比麦哲伦到达菲律宾早116年。总之，比世界上所有的航海家的航海活动都早，因此我们完全有理由自豪地宣称：郑和下西洋创造了一个近乎梦幻的奇迹。

牛津大学出版社于公元1944年出版了《中国曾控制过公海1405—1433期间的宝船队》。从这本书的名字就可以看出，在15世纪初中国的造船业和航海术曾经给国家带来了多大的荣耀，给人民带来了多少梦想。在人们的记忆中，古代海上霸主无非是葡萄牙、西班牙，那些海盗和凌厉的船舶在大海上所向披靡。而我们自己对郑和航海的描述，除了刻板的数字与贫乏的语言，竟别无其他。

制造如此多的海船是个艰辛的过程，准备出海又要耗费大量的精力，海上的生活更是气象万千、血泪交融。当我们回顾郑和下西洋的过程时，我们只能看见龙江船厂的遗址、各种遗物和片段。即便如此，我们也能感受到一个民族的信心和骄傲，甚至让人感到中国是个如此外向的国度，它向往出发旅行，向往陌生的海岸线，向往从前不知道的语言和气息。可见，航海不是郑和的个人行为，也不是君主的单独意志，而是一个国家、一个时代、一种精神的完美体现。

经过一段时间紧张的筹备，下西洋船队的组建工作终于完成，当郑和与船队其他核心成员一起去宝船厂及龙湾视察时，看着那一排排崭新的巨型宝船，大家高兴地给它们取名：清和、惠康、长宁、安济、清远……此时此刻，那待命远航、"其人物之丰伟，舟楫之雄壮，才艺之巧妙，盖古所未有"的庞大船队，正在向郑和召唤：为了神圣的历史使命，快升起远航的风帆，去迎接来自海洋的挑战！

船队的组建

"永乐三年（公元1405年）六月，命和及王景弘等通使西洋，将士卒二万七千八百余人……以次遍历诸番国。"

这是《明史》中关于郑和第一次出洋的记载，当时有27 800多人出海。在各种史料如《郑和家谱》《菽园杂记》《皇明四夷考》《前闻记》中，都明确写到了郑和出海的人员数多达27 000多人。而记载人员与职务分工较详尽的是明代文学家祝枝山在《前闻记》中留下来的资料："官校、旗军、火长、舵工、班舵手、通事、办事、书算手、医生、铁锚搭材等匠、水手、民稍人等，共二万七千五百五十员。"马欢在另一版本的《瀛涯胜览》中对船队人员与组织有类似记载："计下西洋官校、旗军、勇士、通事、民稍、买办、书手通计二万七千六百七十员，官八百六十八员，军二万六千八百名，指挥九十三员，都指挥二员、千户一百四十员，百户一百零三员、户部郎中一员、阴阳官一员，教谕一员、舍人两名，医官医士一百八十名，余丁两名，正使太监七员、监丞五员、少监十员，内官内位五十三员。"马欢所列各类人员数与他所提的总数不完全一致，按上述各类人员相加总数应为28 568人。看来各次出洋人员并不完全一致，但大体在27 000—28 000人。

从上述所列人员与职务分工看，下西洋船队的配备是十分周详的。用现代的习惯分类主要有：

使节及其随员：包括正使太监、副使太监（也称副使监丞）以及他们下边的一些人员，如少监、内监（也称内官内使）、舍人、鸿胪寺序班等。这是全船队的指挥中枢，他们（尤其是正使和副使）掌握着外交、贸易、航行和战争的决策权。

航海技术人员：包括火长、舵工、班碇手、水手、民梢等驾驶海船的船工。火长最富有航海经验，掌管着"针经图式"（航海图）和罗盘，掌握着航行方向；舵工掌舵；班碇手掌锚。还有阴阳官和阴阳生，他们是观测天象、预报气象的人员；铁锚、木捻、搭材匠是船上的各色工匠：铁锚匠管修理铁活，木舱匠管修理船舶。

财经、贸易人员：包括户部郎中、买办、办事、书算手等。户部郎中具体掌管钱财和对外贸易等事宜，买办、书算手是管理贸易和书算的事务人员。

军事人员：包括都指挥、指挥、千户、百户、旗校、勇士、力士、军力、余丁等各色将士。

其他人员：有通事（翻译）、医官、医士，有时还有佛教的僧侣。

从郑和船队人员的组成，我们可以看出郑和出使的目的：一是进行外交活动，为此配置了鸿胪序班（礼宾人员）跟随；二是进行通商活动，为此配置了户部郎中等理财人员。为了保证达到这两个目的，队伍中配备了较强的航海力量。船上富有航海经验的火长和观测气象的阴阳官、阴阳生，以使这支船队能够预测到天气的好坏，战胜狂风恶浪，在日月无光的阴晦天气里，也能在茫茫大海中顺利航行。

这样庞大的队伍与完备的机构，再一次占据了世界航海史上绝无仅有的地位。后世西欧著名的航海家所率船队的规模与其完全不可相提并论。达·伽马率领的是160人；哥伦布第一次航行新大陆是88人；麦哲伦的环球航行也只有234人，最后返回葡萄牙的仅18人。郑和船队的27 000人即使在现在看来也够壮观的了，足够组成一支混合舰队了。而前后又持续了近30年的时间，不得不令人叹为观止。

郑和使团主管技术的部门是由阴阳官、医官、医士、火长、舵工、水手，以及铁锚、搭材等人员组合而成。他们之中，有的掌管天文气象监测，有的掌管医疗卫生，有的掌管制造之事。明初对这些技术人员，尤其是天文医药等方面的人才是非常注意选拔培养的，并采用登记录用的方式。这些举措都为郑和航海准备了有用的人才。

郑和奉命出使西洋诸国，出入于瘴疠疫疾之乡，气候风土，俱所不习，水土不服，易患疾病，故而医官医士之数比其他职位要多。为了在远洋航行中，保障全体人员的健康，船队配备了180名医官、医士，平均每150人就有一名医务人员。这种完备的医疗制度，在世界航海史上也是没有先例的。

在郑和使团中有不少的医官和医士选自太医院。据《嘉兴府志》记载："陈以诚，号处梦，枫泾人。善诗画，尤善于医。永乐间，应选隶太医院，累从中使郑和往西洋诸国。"像陈以诚这样以精通医术而被选入太医院的名医被派到郑和使团中担任驻船医生，可见明政府对船队医疗的重视。船队中的医务人员除了随时给使团成员治病外，还要对所经国家和地区进行流行病的调查工作，以对各地的流行病和地方性疾病及时采取预防措施。这些医生具有丰富的卫生保健知识，按照卫生学方面的要求，合理安排使团成员在海上航行或在各国停留期间的日常生活。这些随船的医生还会利用自己的有利条件沿途收集各种未曾见过的药材并做出鉴定，对所至各国在医学、药学和营养学方面的独到之处，也很注意吸收。这样，不仅进一步完善了船队的医疗条件，而且丰富了中国的医药学宝库。

在船队中，凡天文、占候之事，全归阴阳官管理。郑和船队航行海上，风浪险恶，阴晴无常，所以阴阳官专司日月星辰、风云气象测候之事。其中比较有名的是福建人林贵和，传说他善于卜巫，通晓阴阳，曾五次随使西洋诸国。对于航海来说，星移斗转对航行的方向有着指示作用，比如永远的北斗星。想要确定船队在海上的位置，除了精确的海图仪器外，日月星辰的变化是极其重要的参数。当船队驶进一片陌生的海域时，除了天空，可以说没有其他任何参照物。那时的欧洲，本初子午线还没被确定，所以所有的航海冒险无不借助于天象。

对于中国人来说，科学的知识固然存在，但是在传统观念甚至哲学体系里，阴阳五行有着超乎今人想象的地位。天上地下所有一切，包括人的身体五官无不和这些观念联系在一起。大到孩子出生、婚嫁，老人离世，小到出门、搬家、走路转左还是转右，都要看看是不是合乎历法，会不会逆了天意。古代的航海天文知识中也有不少谶纬占卜的成分，所以阴阳官是技术部门中不可或缺的人物。中国古代航海也因此带上了或多或少的神秘色彩，有时候甚至更像传说或者寓言。中国人的生活和思维方式也体现在了郑和的船队中，他们敬畏苍天，不仅因为天空给他们信息，也因为在无边的天空里有着神秘不可违的天意，有着天人合一的幻想和平安归来的寄托。

为了扬国威于海外，并防范海盗劫掠，郑和船队专门配备了一支精悍的武装力量。明朝在军事方面，创设了卫所制度，全国军队编制在卫所之中。大抵5 600人为一卫，指挥官称作"指挥使"；每卫下辖5个千户所，每所有官兵1 120人，指挥官称"千户"；每个千户所下设10个百户所，每所有官兵120人，指挥官称"百户"。从郑和船队军中的都指挥、指挥、千户、百户等军官人数和军队总人数的比例来看，郑和带领的这支部队官多兵少，是一支精悍的武装力量。

而郑和所率领的官兵,正是明初国防力量最强盛时明军中最精锐的一部分。据《明实录》记载,永乐十五年(公元1417年),由内官张谦率领的一支船队出洋归来,在浙江金乡卫海上突然遇到倭寇袭击。当时船上的官兵加上舵手才不过160人,而倭寇有4 000多人。两军鏖战了20几个回合,最后倭寇大败,死伤无数,弃甲而逃。这种以弱胜强的故事给人很大的想象空间,区区百来号人能战胜比自己庞大得多的海盗队伍,那船舶的装备该有多精良,战事的指挥有多果敢,而战士的勇气和力量有多惊人!

在这支庞大的船队中,除了郑和以外,还有另外一位重要的领导人物,就是王景弘。每个重要的历史文献中都会出现他的名字,并且将他的位置与郑和并列。明宣宗写了《赐太监王景弘诗》以表彰这位功勋卓著的臣子,其中写道:"朕今嗣统临外邦,继志述事在朕躬。岛夷仰望纷嗷嗷,命尔奉使继前功。"相传他航行到台湾的时候,正好碰上当地瘟疫流行,于是他命人把药投撒在水中。那些患病的土著人跳到水里去洗澡,病也就痊愈了。据郑健庐在《南洋三月记》中记载,王景弘最后死在了南洋的爪哇国,这个遥远的国度也就成了他的埋骨之地。

郑和使团的广大成员们,在奉使亚非诸国的过程中历尽艰险,功绩卓著,且屡建战功,自然格外受到明朝政府的关心。朱棣曾以各种方式多次对他们进行奖赏。据《明成祖实录》中记载,郑和第三次下西洋至锡兰山国时曾遭到锡兰山国王亚烈苦奈儿的袭击,发生了一场较大的战役。为了奖赏在这次战役中立功的将士,永乐九年(公元1411年)八月,礼部与兵部共同拟定了升赏例:

> 凡官军奇功升二级,头功升一级。指挥、千户、百户存者递增其秩,亡没者与其子。总旗奇功存者升实授百户,

亡没者升试百户；头功存者升试百尺，亡没者子升实授百户总旗，小旗奇功存者升试百户，亡没者子升总旗。头功存者升总旗，亡没者子实授小旗。小甲奇功存没俱升总旗，头功存没俱升实授小旗。校尉、力士、军人、火长、带管、舵工、梢水、班碇手、军人奇功不拘存亡，俱升总船，头功俱升小旗。舍人、余丁、老军、养马、小厮奇功头功，悉如校尉、军人之例，不愿升者加倍给赏。

奇功指挥每员赏钞200锭，丝彩币6表里。千户卫镇抚钞160锭，彩币4表里。百户所镇抚钞120锭，彩币3表里。御医并番火长钞100锭，彩币1表里，棉布2匹。校尉钞90锭，棉布5匹。旗甲、通事、火长、小厮、军匠、军行人钞70锭，棉布5匹。民医、匠人、厨役、行人、梢水并家人钞30锭，棉布2匹。

奇功次等指挥钞160锭，彩币5表里。千户卫镇抚钞130锭，彩币3表里，绢3匹。百户所镇抚钞100锭，彩币2表里，绢3匹。御医并番火长钞80锭，彩币1表里，棉布1匹。校尉钞70锭，棉布4匹。旗甲、通事、火长、小厮、军匠、军行人钞60锭，棉布4匹。民医、匠人、厨役、行人、梢水并家人钞45锭，棉布3匹。

头功次等指挥钞150锭，彩币4表里，绢3匹。千户卫镇抚钞120锭，彩币3表里，绢2匹。百户所镇抚钞90锭，彩币2表里，绢1匹。御医并番火长钞70锭，彩币1表里，棉布1匹。校尉钞56锭，棉布4匹。旗甲、通事、火长、小厮、军匠、军行人钞52锭，棉布4匹。民医、匠人、厨役、行人、梢水并家人钞40锭，棉布3匹。

阵亡者循前例赏外，再加赏：指挥钞60锭、彩币2表里。千户卫镇抚钞50锭，彩币1表里。百户所镇抚钞40锭，彩币1表里。御医并番火长钞30锭，棉布2匹。

通过锡兰山战功升赏，我们对郑和使团领导成员以外各种人物的职务，以及各种职务等级的划分，都可以了解得比较清楚。锡兰山之战是郑和下西洋过程中发生的一次较大的战役，使团广大成员在这次战役中都立下了战功，所以明朝政府特别重视对参战有功人员的升赏，为此制定了专门的条例。根据这一条例论功行赏，郑和使团的成员无论职务高低，都能按立功大小，受到较高的赏赐。这大大鼓舞了士气，在一个时间长久、困难重重的航行中，这是非常重要甚至非常必要的。

从另一角度来看，郑和航海所涉及的事务极为繁复，使团人员组织相应也很细密。反映在锡兰山战功行赏例中，是对各种职务人员论功行赏的规定都安排得非常细致。经过这种周密的安排，行赏之后，使团成员之间的关系将更为协调，彼此之间的团结更有利于调动他们的积极性，在未来下西洋的事业中，共同进退，战胜危难。郑和使团的人员数目极为庞大，如前所述，每次都有27 000—28 000人，往往比他们所到国家的人民数量还多。如何管理协调这么多个性迥异、特长不同的人，实在是一件相当有难度的事。郑和船队能够一路平安地到达目的地，没有爆发叛乱之类的事端，实在令人感叹。

如此庞大的队伍无疑是个小社会，其间经历的事情想来也颇多戏剧性。可惜正史中大多没有这方面的记载，只有冠冕堂皇的陈述。中国的正史往往以"春秋笔法"为典范，要求简洁明白，同时寓褒贬于不动声色之间。后世正史大多走的这一路子，比如在《清史稿》里关于香妃的记载只有寥寥24字，只说了这个女子从新疆来，一开始是贵人，后来慢慢升到妃子，最后死了。正因为在正史里对香妃的记载过于简单，结果便有了民间关于这个女子的种种传说以及围绕着她的重重谜案。但是，在古代中国做史官是非常困难的，他们要根据君主的需要篡改或隐瞒历史真相，同时内心背负着史家的使命和不得不屈从于君主的巨大冲突。因此，在后人的眼中，探究历史常常成了雾里看花。我们所看到的郑和下西洋也隔了一层纱幔，要细究当日沿途的风土人情与一路的精彩和艰辛几乎已不可能，也许一个远航过程中的小小故事所能给予我们的震撼远大于一堆繁琐的史料。

我们渴望从史料里看出一个个活生生的人来，毕竟郑和下西洋不是一个简单的陈述句，而是一段真实的历史：真的有那么多人历尽千难万险，七次乘风破浪到达了那些遥远的国度。

郑和船队组织得如此严密、完备，充分体现了中国人民与海洋斗争的经验与智慧。郑和船队宏大的规模和细密的组织，使得这支15世纪世界上最大的船队，能够在"洪涛接天，巨浪如山"的印度洋上，"涉彼狂澜，若履通衢"，出色地完成了多次远洋航行的任务。

物资的准备

明初在北京和南京都修建了国库，当时国库充盈，而郑和使团所用的一切物资都是由南京仓库支给的。除了生活必需品以外，船队还携带了大量贸易物资。

郑和下西洋期间的主要出口商品有七大类。具体说来，见诸列名的有：

> 食品类：茶叶、橘子；
> 日用品类：漆器、雨伞、丝棉、绸缎、湖丝、绸绢；
> 金银货币类：金、银、铜钱；
> 工具类：铁鼎、铁铫、烧珠、金属制品；

瓷器类：青花瓷器、青瓷盘碗；
香料类：樟脑、麝香；
建材类：琉璃瓦、普通房瓦。

郑和下西洋的物资准备是远航的关键，大量的物资不仅供船员使用，也有对出使国的赏赐，代表了明朝的强盛，所以首航前准备时专门在船队中设置了粮船与马船、坐船、战船等等。

马船长37丈，宽15丈，八桅。马船最早运输马匹，后来不仅运输马匹，也运输物资。坐船与战船都是军用船只，相当于后世的舰或艇。坐船比战船稍大，战船是一种护航船只。坐船有六桅，而战船只有五桅。整个船队便是以上述五类船舶为主，约200艘船只组成，"云帆高张，昼夜星驰"于大海之上。

郑和船队中有专用的粮船，这是在哥伦布、麦哲伦等航海家那里见不到的。郑和船队之所以需要粮船，与船队的庞大直接相关。据《三宝太监西洋记通俗演义》提供的材料，粮船比马船略小，一般长为28丈，宽12丈，九桅。粮船，顾名思义是用以运载船队所需粮食的。郑和船队到底需要多少粮食，史料中并无明确记载，但我们可以简单分析一下。以第一次下西洋为例：永乐三年（公元1405年）六月出航，永乐五年（公元1407年）九月回国，共两年

三个月。我们以往返两年计：每人每日口粮以1市斤（500克）计，则27 800人当为：

1市斤×27 800人×730天=10 147吨。

这一万多吨粮食，若以千吨船只装载，也要10艘。此外，还有其他食品，如菜类、油盐等物。由于长年航行在海上，还要放出余量。

航海者还有一种不可缺少的食物，那就是淡水。郑和船队带有多少淡水史书记载甚微。倒是明代李言恭等编了一部《日本考》，其中记述了倭寇海盗船用水的情况："凡寇船之来，每人带水四百斤，约八百碗，每日用水六碗，极其爱惜……故彼国开洋，必于五岛取水；将近中国过下八山、陈钱之类，必停泊换水。所以欲换者，冬寒尚可耐久；若五六月，蓄之桶中二三日即坏……"倭寇的船甚小，而用水却如此紧张，试想郑和船队27 000余人该用多少水？巩珍在《西洋番国志·自序》中写道："海水卤咸，不可入口，皆于附近川泽及滨海港汊，汲取淡水。水船载运，积贮仓储，以备用度，斯乃至急之务，不可暂弛。"这就是说，郑和船队有专用的"水船"，这在古代航海史上都是罕见的专用设置。

这样庞大的船队，怎样进行联系也是一件不寻常的事。从一些材料看，郑和船队在行驶中的联系方式大约有3种：旗帜、灯笼与锣鼓。旗帜是白天行驶时的联络标志；灯笼则在夜间行驶时使用。这两种联络方法，直到今天水上航行仍然在沿用。锣鼓是在阴雨天气视线不佳时以听力来弥补视力的不足。这种用锣鼓的方法来自于古代陆军作战时的指挥信号，"一鼓作气"的故事人人皆知，那时

军队依靠鼓声来指挥冲锋或者退守。在海上的阴雨迷雾中，锣鼓再次充当了指挥船队行进的重要角色。

更有意思的是船上的设备，按照今天人们的话来说堪称装修奢华、用器便利，简直可以说是豪华海上游艇的前身，甚至它的华美精细程度有过之而无不及。《三宝太监西洋记通俗演义》中记载了这样的场面：宝船就是个帅府，头门、仪门、官厅、穿堂、侧屋、书房都是雕梁画栋、象鼻挑檐。挑檐上还安了铜丝罗网，不许禽鸟污秽。让人由衷感叹的是有的宝船建成寺庙的模样，一进去首先是山门，过了山门就是金刚殿、天王殿，然后就到了大雄宝殿，最上面供着三尊古佛，两边列着十八罗汉。十八罗汉都用檀木雕刻而成，约有7尺多高。旁边有个禅堂，禅堂中间有个宝座，尽是黄金叶子做成的，有金莲花1000瓣，花团锦簇。同时大殿里还挂着诸神天将的画像，聚神台上供着三十六天罡、七十二地煞，奇花异草更将这里装饰得别有洞天。

总之，明初高超的造船技术使得地上世界拥有的繁荣奢华乃至欲望、信仰都被事无巨细地移植到了船上。那时，航行在海上的不只是规模庞大的船队，更是一个古老民族的生活方式乃至情感表现方式。当这样一个国家或者说小社会停泊在陌生的港湾，我们可以想象它给那些国度所带去的是怎样的新鲜和惊讶。当然，郑和船队出海带有明显的目的，但是中华民族铺张扬厉的习惯也在冥冥中把独特的风情传播到遥远的海外。而船队的分工明确、面面俱到也保证了在海上不论遇到怎样的艰险，船员仍旧能够确保船队朝向目的地，而不是在波涛里折戟沉沙。

航线的选择

航海涉及开拓海洋空间的问题。为了有效地利用海洋空间，让一些从来不曾有使节来过中国或难以有使节来中国的海外国家，与中国建立友好关系，就需要通过开拓海洋空间，开通与这些国家之间的航路。为此，郑和船队必须开展对海洋的调查研究，掌握相关的海况资料，编绘相关的航海图。

在郑和下西洋之前，郑和等船队领导成员，为将来的海上探险做准备，首先进行了海洋调查研究工作。从永乐元年（公元1403年）开始，到永乐三年（公元1405年）船队奉命下西洋以前，郑和、李恺、杨敏等人奉旨多次前往东西洋（今西太平洋和印度洋）各国，广泛征集各国所藏有的海图和各种航海资料，并结合亲身的航海实践进行验证，使郑和等航海家对东西洋各地海岛、山峡、山形水势、水文气象、东西洋水陆分布的特点和环境等，有了具体明确的了解。

郑和等航海家所进行的一系列的海洋调查工作，不仅校正了以往流传下来的各种航海牵星图样和海图，从中选取并据以绘制了"能识山形水势，日夜无歧误"的新的航海图，而且积累了走航观测和进行海洋调查的知识和经验，获得了为远航重洋所必需的航海和海洋科学知识。

郑和等航海家在海洋调查中，必须经过一些危险的海区，其中有艾儒略（明时意大利传教士）所说的大明海45度以北的地方，因风云变幻无常，时而骤起风暴，给航海造成极大的威胁："从大西洋至大明海四十五度以南，其风常有定候，至四十五度以北，风色便错乱不常。其尤异者，在大明海东南一隅，常有异风变乱，凌杂倏忽更二十四向，海舶惟任风而飘。风水又各异道，如前为南风，水必北行，倏转为北风，而水势当未趋南。舟莫适从，因至摧破。"对这一类危险海区的海洋气象、海洋水文以及海流变化的状况，进行认真的观察记录，努力探寻其规律和特点，是郑和等航海家在海洋调查研究中必须予以解决的重大任务。尤其是船队要应付过赤道，风向转变，气候无常，加上暗礁急流等复杂情况。这就更需要郑和等在走航调查中掌握有关的海洋气象、海洋水文等自然变化的规律和航海知识。

为此，郑和等航海家在开展海洋调查中，除了要对当地水域的水文气象情况日夜进行认真的观察记录，获得较为完整的海况资料外，还要尽量多地参考民间航海家对有关海洋气象和海洋水文的占验之语，进行综合研究，以尽可能地洞悉该海区海洋气象和水势变化的规律和特点，估计到各种有利或不利于航海的海况，预防风暴的袭击，避开暗礁急流，以保障船队的安全和顺利通航。

郑和船队在近海航行时，主要使用的是地文航海。如船队到占城的新州港（今越南归仁）就是以海岸上的一个石塔作为陆标；从苏门答腊岛向西航行，则以尼科巴群岛和安达曼群岛的山峰为其陆标。但郑和船队并不是单纯地使用陆标，而是把陆标和航海罗盘结合起来。《郑和航海图》中有这样的记述："用丹乙针，一更，船平吴淞江"。其中"丹乙针"就是船的航向，即105度。"更"就是航程。"船平吴淞江"就是船与吴淞江平行。这句话的整个意思，就是航向105度，航行一更，船到达的位置是与吴淞江平行的地方。

郑和船队在航行中，还不时测量水深和底质。测量的方法是，航行一段，把一端系有铅锤的绳子（绳长可达六七十丈）放入水中，铅锤的底部涂以牛油。铅锤到海底后提取上来，从绳子进入水中的长度，可以知道水深，从铅锤上粘的泥沙，可以判断底质。《郑和航海图》中所说的"打水六七度"就是一例。"一度"是两臂伸开180度的距离，约合5尺；六七度约合3丈到3.5丈。"打水六七度"讲的就是水深。水手们凭着他们多年的经验，知道了水深和底质，就能更好地判断船舶的位置。

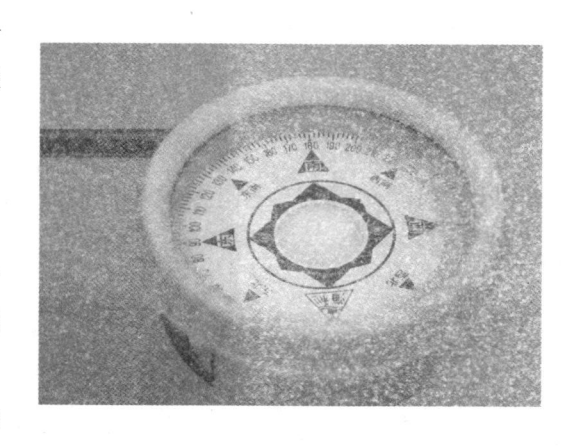

郑和船队还把天文航海和罗盘指向结合起来。从华盖星（小熊星座）五指地出发，用癸丑针，六十五更，船到北辰星（北极星）四指的葛儿得风哈甫儿雨就是一例。华盖星五指和北辰星四指，是当时船舶度量的这两个天体位置，"指"是中国古代测量天体位置的角度单位。"一指"相当于1度35分（另一说认为："一指"等于1.9度，即1度54分）。当时测量天体高度用的工具叫牵星板。牵星板共有12块，呈方形。最大的一块每边长7寸多，约24厘米，为十二指。其次一块边长22厘米，为十一指。依次每块边长递减2厘米，减少一指。最小的一块边长2厘米，为一指。木板的中心穿一根绳子，绳长约72厘米，也就是左手执板，左臂伸直，板到眼

071

睛的距离。使用的时候，选择一块板，使其上缘对齐所度量的天体，下缘与水平线取齐。这时所用木板的指数，就是天体位置的指数。此外还有象牙板一块。此板四角皆缺，依其缺块大小分为三角、半指（二角）、一角、半角。由此可见一指等于四角。郑和船队的航海人员是熟知某一地的某一天体位置的。如古里为北辰四指，柯枝为北辰三指一角，麻实吉（今麦斯卡特）为北辰十二指，已龙溜华盖星五指二角，官屿华盖星七指二角，南浮里洋华盖星八指……这样不时地测量船队与天体之间的角度，他们就可以知道船舶的具体位置（纬度）。但郑和船队不仅依靠测量天体的位置来航行，而且把测量天体的位置和罗盘指向结合起来。在茫茫的大海上，他们按罗盘指示的方位前进，以航程的多少来推测船舶的位置，再用天体位置来加以校正。这就使得航船更有把握地驶向目的地。

综上所述我们不难看出，郑和船队主要用的是航海罗盘。地文航海，天文航海，测量水深、底质都同罗盘指向结合起来。中国发明了指南针（最早可追溯到战国时发明的"司南"），并最早把它应用于航海。公元1119年宋朝人朱彧著的《萍洲可谈》已有指南针用于航海的记录。朱彧在书中写道：当时中国海舶的舟师都"识地理"，他们在海上航行，"昼则观日，夜则观星，阴晦则观指南针"。可以断言，至迟在11世纪末，中国人民已经把指南针应用于航海了。到了明朝，指南针的应用又前进了一大步。郑和的随行人员巩珍在《西洋番国志》里说："斫木为盘，书刻干支之字，浮针于水，指向行舟。"可见，郑和船队使用的航海罗盘是水罗盘。水罗盘的构造是：在一个油漆的木盘内，刻画子、癸、丑、艮、寅、甲、卯、乙、辰、巽、巳、丙、午、丁、未、坤、申、庚、酉、辛、戌、乾、亥、壬等24个方位，盛上水，然后把很细的磁针穿在灯芯草上，使其浮于盘中之水，就可以指示方向了。罗盘内有24个方位，子位为360度，午位为180度。一个方位与其相邻的另一个方位相差15度。

除了这24个方位外，在实际运用中，两个方位之间也是一个方位。因此，当时的罗盘实际是48个方位，即把今360度分为48等份，方位之间相差7.5度。航海时，把单独的方位称为"单针"或"丹针"，把方位之间的方位称为"缝针"。如我们前边说过的"丹乙针"就是一个单独的方位，合现在105度；"乙卯针"就是乙方位和卯方位之间的一个方位。按照这一方位行船可能有几种情况：一种可能是按乙方位和卯方位的中央，即97度半行船，也可能是先按乙方位，即105度行船，到一定地点后，再按卯方位，即90度行船。由于水手们熟悉航道，具体到哪里改变航向，他们是很清楚的。

在宋朝，航海是白天看太阳，夜晚看星辰，遇到阴雨天才看指南针。元朝，特别是明朝，指南针已成了航海的主要手段。罗盘指向恰恰体现了当时中国航海技术的先进。当时的阿拉伯人，尽管他们在北印度洋有两千多年的航海和贸易的历史，但到郑和下西洋时，仍不知运用航海罗盘。15世纪初，在辽阔的印度洋上，能够同时运用天文、地文和罗盘航海的只有中国人。

从世界范围来看，郑和等航海家在七下西洋之前多次进行的大规模的海洋调查和考察活动，是史无前例的。在郑和下西洋之后，哥伦布横渡大西洋、麦哲伦环球航行等，虽然获得了一批大洋表层水温、气温、海流、信风带以及珊瑚礁等资料，但他们的海洋调查，只是在航海探险的过程中相应进行的。为了进行大规模海上探险的准备工作，郑和等航海家在历史上开创了在太平洋和印度洋上开展海洋调查的先例。

起锚地的确定

永乐三年（公元1405年）六月己卯（7月11日），历史将铭记这一天。因为在这一天，郑和率领庞大的船队，从江苏太仓刘家港出发,"云帆高张,昼夜星驰",以大无畏的开拓精神,在茫茫大海上开创了规模空前的远航。由此开始的郑和七下西洋,奠定了中国在世界远洋航海史上的先驱地位。

太仓是郑和下西洋的起锚地。在今江苏太仓刘家港存留有一块《通番事迹之记》碑,是明宣德六年(公元1431年)郑和第七次下西洋前夕所撰文勒石,碑文中记曰:"和等自永乐初,奉使诸番,今经七次,每统领官兵数万人,海船百余艘,自太仓开洋,由占城国、暹罗国、爪哇国、柯枝国、古里国,抵于西域忽鲁谟斯等三十余国,涉沧溟十万余里。"由此得知,太仓是郑和七下西洋的起锚地,郑和船队每次返航也都是以太仓为收泊地。碑记又云:"是用勒文于石,并记诸番往回之岁月,昭示永久焉。"碑文记录了郑和七下西洋的往返时间,当为最准确的史实,至为重要:

  永乐三年,统领舟师至古里等国,时海寇陈祖义聚众三佛齐国,抄掠番商,亦来犯我舟师,生擒厥魁,至五年回还。

永乐五年，统领舟师，往爪哇、古里、柯枝、暹罗等国，其国王各以方物珍禽贡献，至七年回还。

永乐七年，统领舟师，往前各国。道经锡兰山国，其王亚烈苦奈儿，负固不恭，谋害舟师，赖神灵显应知觉，遂擒其王，至九年回献。寻蒙恩宥，俾复归国。

永乐十二年，统领舟师，往忽鲁谟斯等国。其苏门答腊国，伪王苏幹剌，寇侵本国，其王遣使赴阙，陈诉请救，就统领官兵剿捕，神功默助，遂生擒伪王，至十三年归献。是年满剌加国王，亲率妻子朝贡。

永乐十五年，统领舟师往西域。其忽鲁谟斯国进狮子、金钱豹、西马。阿丹国进麒麟（番名祖剌法）并长角马哈兽。木骨都束国进花福鹿，并狮子。卜剌哇国进千里骆驼，并驼鸡。爪哇国、古里国王进縻里羔兽。各进方物，皆古所未闻者。及遣王男、王弟捧金叶表文朝贡。

永乐十九年，统领舟师，遣忽鲁谟斯等各国使臣久侍京师者，悉还本国。其各国王，贡献方物，视前益加。

宣德五年，仍往诸番国开诏。舟师泊于祠下，思昔数次皆仗神明救助之功，于是勒文于石。

宣德六年，岁次辛亥，正使太监郑和、王景弘，副使太监朱良、周满、洪保、杨真，左少监张达等立。

但是，为什么郑和要选择刘家港作为下西洋的始发港呢？

从文献记载来看，刘家港的地理位置优越特殊。它位于长江的入海口，素有"海洋之襟喉，江湖之门户"之说，是苏州地区天然的通海门户。《姑苏采风类记》记载，刘家港"港外即大海，水面宏广，与他港浦不同"。早在三国两晋时，位于长江入海口的娄江口即成喇叭形自然港湾，"面宽二三里，入海处逐渐开阔，潮汐汹涌，可容万斛之舟"。

到了元明时期，刘家港已成名扬海内外的良港，尤其是元代重视海外贸易，鼓励番舶自愿往来，于至元十九年（公元1282年）宣慰使朱清、张瑄奉旨于刘家港开创海运（海运漕粮）之后，刘家港一跃成为国内东部沿海的贸易大港、一座崛起的江海雄镇。当时，刘家港外通琉球、日本、淳泥、罗斛等国，海贸繁盛，番商巨贾趋之若鹜，谓之"六国码头""东方大都会""天下第一码头"。

郑和的远洋船队规模之大，数量之多，前所未有，每一次远航都有60多艘宝船，加上其他类型的船只近200艘，如此庞大的船队，如若没有一个与其排水量、吃水深度相适应的天然良港，根本不可能停泊和出海。具有雄才大略、远见卓识的明成祖朱棣与郑和，正是看中了刘家港这样的港口条件，才作出了把刘家港作为通番始发基地的正确抉择。

事实上，太仓不仅仅是被朱棣以及郑和等选中作为"通番"的起锚地，太仓的地理位置一直为人重视。有意思的是，在明代建文四年（公元1402年），即"靖难之役"的最后一年，燕王朱棣即将攻入都城南京时，建文帝朱允炆曾下密旨，派太常寺卿黄子澄到太仓募兵勤王，但"未至而京城陷"，黄子澄也被捉拿。《太仓州志》记载了这一事件。这段记载令人注意到朱棣、朱允炆叔侄二人竟然同时想到了太仓。而在民间传说中，建文帝朱允炆在"靖难"中并未被烧死，而是秘密逃到了太仓，并从这里出海逃到了外洋。

除了地理位置的优越，具备深水良港的条件外，太仓经济富庶，一向被誉为"吴中富地，金溢太仓"，这也是朱棣、郑和看重太仓，将其作为通番基地的重要因素。郑和下西洋的船队空前庞大，必须要有良好的经济腹地作为依托，因为每次出洋所需的给养与货物数量十分可观。同时，船队所到国家众多，所带的赐予物及贸易物品种繁多，数量巨大。为了方便每次货物的筹备，郑和必须选择一个具有良好供给与集散地的地方作为启程港，而太仓恰好具备这个优势。

太仓濒海枕江，背后是广袤的长江流域与最富饶的太湖流域构成的长江三角洲经济腹地。自东晋以来，江南已成为全国最富庶的地区之一，文献谓"良畴美柘，畦畎相望，连宇高甍，阡陌如绣"，太仓更是岁多丰稔的鱼米之乡，"稻米流脂粟米白，公私仓廪俱丰实"。由此可见，在历史上，太仓便是以粮食充盈而闻名天下，这从"太仓"这个地名也可见一斑。郑和从太仓出发，主要原因之一也是此地便于筹集粮食。

郑和远航西洋，如此大规模的海上航行，没有众多的航海工程技术人员是难以想象的。而太仓自宋元以来航海事业的发展，为郑和准备了一个可随时调用的"人才库"。海船启碇出港，扬帆远航，经常要受到波浪、潮汐、流向等自然条件的制约。在长期的海运活动中，江南及东南沿海有众多经验丰富的"驾船民艄"，其中，不乏优秀的民间航海家作为郑和船队的舟师。

太仓有许多参加海运活动的人。比如太仓卫军士费信，曾在永乐、宣德年间4次随郑和出使西洋。还有一位太仓卫副千户周闻，从郑和第三次下西洋起，曾先后5次跟随郑和出使西洋。费信尤其值得一说。他通晓阿拉伯语，熟悉西洋各国风情，"信每莅番城，辄伏几濡毫，叙缀篇章，标其山川夷类、物候风习……"也正因如此，费信后来写成《星槎胜览》，详细记录了他跟随郑和下西洋的见闻，这部书成为迄今研究郑和史迹和中西交通史的重要历史文献。

从宋元以来形成的长期驻扎在太仓的水军也是郑和下西洋的重要条件。当时海上海盗横行，郑和率领的船队是和平的船队，但为了保证航海顺利，必须要有一支强大的"海军"为其保驾护航。元至正二年（公元1342年）在太仓"立水军都万户府"以防方国珍骚扰，元末张士诚占据太仓后，训练了一支水军，最多时达几万人。1367

年朱元璋灭张士诚，并以倭寇猖獗之故而加强水军，备有海船，巡缉海上盗贼。所以，太仓既有朱元璋善战的水军与张士诚水军留下的大批船只，又有大批富有航海经验的水手，因此，太仓卫很快训练出一支有相当战斗力的"海军"。若没有这支强大的海军护航，是很难保证船队的航行顺畅的。

太仓作为起锚地和驻泊地还有一大优势，就是它离都城南京很近。明朝初定都南京，南京与太仓均雄踞长江沿岸，交通便利，两地相距"陆路六百九十二里，水路七百十二里"。太仓与南京近在咫尺，船到太仓就如同到了南京。将如此之近的太仓作为起锚地十分便于明成祖朱棣的召唤，因为明成祖下令郑和在"片板不得入海"的年代奉旨出海是有其内在隐情的，郑和每次出洋回来最重要的一件事就是听旨。

正是因为太仓具备了以上这许多优越条件，才使得大明永乐王朝会将下西洋的起锚地选择在这里。

第四章 开创历史的航行

永乐三年（公元1405年）六月，郑和与助手、福建人王景弘等人，率领27 800余人，分乘"清和""惠康""长安""安济""清远"等62艘宝船和140余艘其他船只，浩浩荡荡从南京起航，循着长江，抵达苏州府太仓刘家港，进入大海，途经浙江温州港，到达福建长乐太平港，等待东北季风到来时驶向大洋。

太平港，原来叫马江，因为是郑和下西洋停靠的最后一个国内港口，希望讨个吉祥，才改名为太平港。这里不仅是供郑和船队停泊的港口，也是船队补充给养、修理船只的重要基地。

首站——吕宋

十一月，东北季风吹起的那一刻，郑和船队从太平港徐徐驶出。经过八九天的航行，船队到达了第一个目的地——吕宋（今菲律宾马尼拉一带）。

吕宋盛产黄金，因此，这里的百姓都很富有，社会也比较安定。很少有人为了蝇头小利发生争执，所以官府很少接到百姓的诉讼文书。这里距离福建

漳州很近，两地之间经常有商船来往。这年，吕宋和浡泥（今文莱）都派遣了使者前来中国朝贡，适逢宝船队正要下西洋，这两国的使者就顺便随郑和的船队一起回国了，他们有幸成为宝船队接送的第一批外国使臣。

当庞大的船队来到吕宋的时候，近200艘大船同时出现在港口的情形，大概会令每一个目睹这一幕的吕宋人终生难忘。在庄严威武的仪仗队的引领下，郑和会见了吕宋国王，转达了明成祖的问候以及希望两国和平共处的美好愿望，并将明成祖赏赐给吕宋国王的礼物郑重地交到他的手中。

吕宋是个小国，能够得到明成祖如此重视，无疑为国家安全提供了可靠的保障，所以吕宋国王很热情地接待了郑和的使团。

与此同时，郑和船队的一支分腙先后拜访了苏禄和浡泥。使团副使王景弘代表明成祖，举行了册封浡泥酋长麻那惹加那乃为浡泥国王的仪式，并将册封诰敕和国王印章，连同一些服饰和财物赐给了他。麻那惹加那乃很感激明王朝对浡泥的庇护，因此他在3年后亲自率领浡泥使团到中国朝贡，这也是明王朝在本土第一次接待国王级别的贵宾。

访问占城

辞别吕宋后，郑和的船队开始前往下一站——占城。

占城是郑和舟师历次远航必经之地。占城即今越南南部归仁一带。据《明史》卷三二四《占城》记载："占城居南海中，自琼州航海顺风一昼夜可至，自福州西南行十昼夜可至，即周越裳地，秦为林邑，汉为象林县。"

占城在浡泥的东北方，从现在的地图上来看，从浡泥到占城的直线距离比长乐太平港到占城还要短一些。但据史料记载，从占城出发到浡泥却有足足40天的航程，比太平港到占城的时间要多一个月。所以，郑和的船队到达占城的时候，已经进入永乐四年（公元1406年）了。而就在这一年，安南与明王朝之间的矛盾进一步升级。

安南国王胡查的父亲叫黎季犛，他从前安南王陈氏手中篡夺了王位后，就开始大肆屠戮陈氏家族的成员。最后，偌大的陈氏家族只有一个人幸免于难，这个人叫陈天平，他先逃亡到了老挝，又经老挝酋长护送，来到中国避难。

永乐三年（公元1405年），明成祖派遣使者强烈谴责了胡查的这一行径。胡查表面上向明成祖承认错误，并表示将迎接陈天平

回国就任安南国王，暗中却另有打算。明太祖虽也觉得这件事情进行得太过顺利，但这是他最希望看到的结果，毕竟"怀柔远人"的贤明君主不应该过多地干涉他国内政。

永乐四年（公元1406年）正月，明成祖派军队护送陈天平返回安南，并一再叮嘱他们要小心谨慎。但明军进入安南后，不仅没有遇到麻烦，而且一路上不断有迎接并宴请陈天平的人，护送的明军将领就以为胡查是真心迎接陈天平回来当国王的，于是放松了戒备。而胡查则在明军必经的一个山谷中埋伏了一支10万人的军队。护送陈天平的明军毫无防备地进入了这个山谷，突然遇到安南军队的猛烈进攻，明军战败，尚在做着国王梦的陈天平当场被杀。

明成祖对胡查的背信弃义忍无可忍，终于在这年的四月二十三日下令成国公朱能、新成侯张辅率领大军讨伐胡查。

明朝的征南大军大约在六月到达安南，并在十月初九取得了首场战斗的胜利，最终在永乐五年（公元1407年）四月擒获了黎季犛，彻底打败了安南，胡查被迫逃亡海外。

战争过后，应安南百姓的请求，明朝将安南纳入自己的版图，称作交陆。

据记载，郑和船队是在永乐四年（公元1406年）初到达占城的，而他到达此行的下一站爪哇时，已经是六月三十日了，从占城到爪哇不过20天的航程，由此推测，他离开占城应该在六月十日左右。也就是说，之前有半年的时间，郑和的庞大船队一直在安南、占城沿海巡弋，显然是为了防备或阻止安南舟师可能在海上采取的军事行动。据目前所能看到的史料，尚没有发现郑和所部与安南舟师交战的记载。这次征安南之役，主要是在安南的内陆进行的，郑和舟师尚无需直接登陆作战，只需在海上予以牵制，对当时解决安南问题就是一种有力的配合。郑和离开长乐以后，在安南之役即将爆发之际，心系祖国海疆的安危，不顾海上生活的艰难，率领着一支庞大的船队，在对占城国进行访问的同时，长时间在安南至占城一带的海面巡视，为此后明军征安南之役的顺利进行，做出了杰出的贡献。

爪哇遇难

郑和第一次下西洋从永乐三年到永乐五年（公元1405—1407年），经历的主要国家有占城、爪哇、苏门达剌、满剌加、三佛齐、古里等国。其间除了对诸国宣诏，行封赏赐外，还发生了不少重大的事件。船队在爪哇就赶上了一场惊心动魄的动乱。

郑和结束在占城的访问后，下一站便是爪哇国。相传，爪哇国人的祖先是长相狰狞的魔王和怪兽结合生下的，所以爪哇的本土人长得又黑又丑，而且总是蓬着头发，打着赤脚，即使贵为国王，也只是头上多戴一顶黄金头冠而已。爪哇国的男子都不穿上衣，只在下身围上手巾。

爪哇人十分好斗，不论长幼，腰间都插着一把短砍刀，一旦发

生冲突就拔刀砍人。而爪哇国对杀人者的处置很特别，行凶者如果被当场抓住，就会立即被杀，但如果能成功逃逸3天以上，就不再追究责任了。

全盛时期的爪哇，版图囊括了现在印度尼西亚的大部分群岛，还有马来西亚的南部。元世祖忽必烈曾经派使者到爪哇招抚，但爪哇不愿向元朝称臣；元世祖又派元军前往征讨，却战败而归。所以，爪哇同中国之间的关系向来不是很友好。

在明朝建立时，爪哇国内已分为东西两部，由东王和西王分别管辖。在洪武十年（公元1377年）时，东藩王勿院劳网结、西藩王勿院劳波务，曾各遣使朝贡中国。永乐四年（公元1406年）正月癸卯（十二日），爪哇西王都马板遣使来中国贡珍珠、珊瑚、空青等物，东王孛令达哈亦于正月己未（廿九日）遣使来明廷贡马。

据马欢《瀛涯胜览》记载，爪哇国气候如占城，"稻岁二稔""男子无少长贵贱皆佩刀，稍忤辄相贼，故其甲兵为诸番之最"。"人有三种，华人流寓者，服食鲜华""皆是广东漳泉等处人，窜居此地，食用亦美洁……"当时，这些华人历经几代的开拓，已在该地区形成很多社区，甚至影响了当地的经济，如其中一处名为"新村"的华人聚居地，"番名革儿昔，原系沙滩之地，盖因中国人来此定居，遂名新村。至今村主广东人也，约有千余家，各地番人多到此买卖。其金及诸般宝石一应番货，多有卖者，民甚殷富"。当地出产的"鸡羊鱼菜甚贱""斤称之法，每斤二十两，每两十六钱，每钱四姑邦……升斗之法，裁竹为升，为一姑剌，该中国官升一升八合"。当年，郑和船队在此贸易，"国人（指爪哇人）最喜中国青花瓷器，并麝香、销金、纻丝、烧珠之类，则用铜钱买易"。

永乐四年（公元1406年）六月底，郑和船队来到爪哇，正碰上爪哇西王与东王对攻，东王战败被杀，所属之地为西王所并。当时，郑和船队经过东王属地，官军登岸进行贸易，突然遭到西王士兵的袭击，郑和官兵170余人被杀。

郑和得知这一消息后，十分震怒，但因事出突然，且关系到南洋地区局势稳定，他决定冷静处置。郑和没有立即发兵反击，而是将此事紧急奏报朝廷，同时调集部队准备在必要时进行讨伐。郑和向爪哇的西王表达了强硬立场，并声称，如果爪哇不能给予恰当的回应，那么明朝将会继元朝之后再一次兴兵讨伐爪哇。

面对这么庞大的船队，特别是面对船队身后强大的明王朝，西王终究有些畏惧，于是认了罪，这场冲突才得以暂时平息。

明成祖朱棣得知此事后谴责西王说："你与东王争战，而连累到朝廷所遣使170余人皆为所杀，他们何辜遭此荼毒？而且你与东王都受朝廷封爵，却逞凶贪得，擅自灭掉东王而据有其地，违天逆命，还有过大于此的吗？正待出兵讨伐，你已遣严烈加思等来朝廷请罪。朕以你尚能悔过，姑止兵不进。但念170余人死于无辜，难道就这么算了吗？立即赔黄金六万两，以偿死者之命，且借以赎你之罪，如此可保全你们土地人民，不然，问罪之师，迟早将至，安南之事可以为鉴。"

其时安南黎氏政权因背信弃义，设计杀害陈天平，明朝政府已出兵讨伐，此事震动了整个东南亚，爪哇西王都马板显然也被震慑，才赶紧遣使向明朝政府请罪。

郑和因为爪哇西王都马板已表示服罪，便从睦邻友好的大局出发，化干戈为玉帛，取消了兴师讨伐的计划。

085

郑和在爪哇国访问期间，对部下170余人被杀害这一严重事件，能够冷静、正确地加以处置，从而避免了一场大规模的流血冲突，这不仅对南洋地区局势的稳定，而且对郑和第一次下西洋按计划顺利进行，都具有重要的意义。

在今印度尼西亚爪哇岛中部，有一个著名的商埠叫三宝垄，它的中文译名恰好与郑和的尊称相同，华人更乐意认为这个城市的名称包含了对郑和的一种纪念。在三宝垄建有纪念郑和的三宝庙、三保洞，每年六月三十日，居住爪哇的华人侨民都要到那里进香祭拜。而这个三保洞，相传为郑和所凿。在三保洞碑文中，这样记载郑和的事迹："明永乐年间有郑和者，是中国云南人氏，奉命特派为钦差大臣，周游各国，故七下西洋，兹如爪哇、苏门答腊、孟加拉、阿拉伯等国，都是必经之地。受命以来，怀抱绥抚政策，宣扬文化为主旨，所到之地，备受各国欢迎，且派使臣往还，借作投报之谊，五百年来邦交弗替，故吾侨来此谋生者，络绎不绝，几如过江之鲫。间者生于斯，食于斯，长于斯者，瓜瓞绵绵，数以百万计，推溯原委，非郑公功德之赐而云何？……"

歼灭海盗

船队顺着印尼群岛的东部海岸线一路向北行进，大约八天之后，他们就到了旧港（今印度尼西亚苏门答腊岛巨港）。

旧港，原名三佛齐。这里土壤肥沃，是马来西亚半岛、印度尼西亚半岛各个港口之间的贸易往来中心，中国广东、福建有很多的人来此定居。

历史上，旧港曾多次被爪哇国侵占。洪武三十年（公元1397年），旧港由于爪哇的入侵再次亡国，整个国家陷入一片混乱。但由于距爪哇本土较远，爪哇王朝的统治者没能将旧港完全控制在自己手中，所以，旧港实际上处于无政府状态。反倒是定居在这里的华人，势力逐渐壮大，成为了旧港实际的统治者。

华侨们公推最早来这里定居的广东南海（今属广州）人梁道明为华侨首领，施进卿为他的副手。与此同时，还有在国内犯罪后逃亡到这里的广东人陈祖义，纠集了数千人，形成了自己的势力，倚仗着旧港的地理优势，以抢劫来往的商船为业。

陈祖义因在洪武年间犯了事，全家人逃到旧港，也就是三佛齐国（今天印度尼西亚东部），后来成了地方一霸，更是当地海盗的头目。他为害乡里，非常残忍强横，凡是过往船只都要掠夺一番。郑和这次下西洋，便担负着解决海寇陈祖义"为盗海上"的使命。《南京静海寺郑和下西洋残碑》中有"永乐四年，大䑸船驻于旧港海口"的记载，可见郑和为对付陈祖义海盗集团，初到旧港，就把船队整个武装部队部署在旧港海口，严阵以待，准备一举拔掉陈祖义这颗钉子。

郑和当然明白，陈祖义在旧港已盘踞了几十年，根基颇深，决非轻而易举便可消灭，所以当郑和首次出航时，以先完成去西洋使命为上，没有惊动陈祖义。这是高明的一招，否则难免会出现初次出师受阻的局面。

郑和船队到达旧港后，稍事停留，补充淡水、蔬菜和水果等副食，同时进行一些休整。郑和船队在旧港驻泊之时，陈祖义虽然恨不得把船队抢劫一空，但慑于郑和船队强大的兵力，一时之间也不敢贸然下手。所以，当郑和前来劝告他改邪归正之际，他也假惺惺地表示愿意归顺。郑和因为还要忙于去其他一些国家访问，就没有在旧港多停留，打算留待返回时再说。这样，还没有等陈祖义策划好如何抢劫郑和船队，郑和船队就起锚向满剌加进发了。陈祖义只好等郑和船队返回时再伺机下手。

当永乐五年（公元1407年）郑和船队结束对古里等国的访问，返程经过旧港时，陈祖义以为机会来了。当探子报告说，郑和船队已徐徐进入旧港海口时，陈祖义马上召集大小头目进一步商议劫掠郑和船队的方案。陈祖义认为，郑和远道而来，航途劳顿，若趁郑和官兵深夜熟睡之际袭击，定可得手。于是同众头目议定，待郑和来访，仍佯装归顺，进一步麻痹郑和，趁郑和完全松懈，半夜时分发动突袭。

就在陈祖义一伙磨刀擦枪、忙着准备劫掠郑和船队之时，原旧港华侨头领施进卿秘密潜至郑和船队，向郑和报告了陈祖义预谋发兵劫掠郑和船队的种种情状。

郑和本来对陈祖义就不很放心，船队进驻旧港后，一直处于戒备状态，现在得了施进卿的密报，心里就更有数了。郑和立即召集部将研究应敌作战方案，针对陈祖义计划进行夜袭，一时之间难以看清郑和舟师布阵态势，郑和下令在天黑之前船队仍保持原有队形，一字并列排在海口，给陈祖义以毫无戒备的假象。

当夜幕笼罩大海之时，靠夜色掩护，郑和命船队迅速改变队形，呈口袋状，张网以待。随着夜色渐深，郑和各船逐次熄灯，一时之间，广大官兵仿佛都已进入梦乡。

陈祖义从岸上远远望见驻泊郑和船队的海域一片漆黑，心中不禁一阵狂喜，亲自率领全部盗匪，分乘17艘海盗船，向着郑和船队奔袭而来。这时郑和官兵于寂静中做好了歼敌的准备，个个严阵以待。

没过多久，快速前进的海盗船队已进入郑和为他们布下的天罗地网，只听得一声炮响，不待陈祖义发起攻击，郑和舟师已将陈祖义海盗船队分割包围，各种火器向着如同瓮中之鳖的海盗船猛烈开火，弓箭手同时齐刷刷地把一排又一排箭矢射向熊熊燃烧的海盗船只。刚才还是万籁无声的旧港海口，此时响起一片喊杀声、兵器撞击声、嚎叫声以及海盗船桅杆燃烧坍塌时发出的轰鸣声。

突如其来的攻击，打得陈祖义一伙海盗晕头转向，眼看被火光映红照亮的大海上，郑和舟师从四面八方向海盗船迅速逼近，官兵们纷纷跳上海盗船，奋勇杀敌。已失去斗志的海盗们，除了少数特别凶悍的骨干分子在进行拼死抵抗，大多数海盗此时只能勉强招架而无还手之力。没拼多少回合，便已身首异处。那些燃起熊熊大火的海盗船上，幸存的海盗们忙不迭地跳海逃命，来不及逃的则随船葬身大海。

这一战，陈祖义海盗船队的17艘贼船，10艘被烧毁，其余7艘被郑和官兵俘获，5000余名海盗被歼，陈祖义、金志名等海盗首领被生擒，郑和舟师大获全胜。

陈祖义的海盗船队长期称霸海上，凶横强悍，不可一世。郑和舟师能够一举歼灭这股顽敌，足见其海战能力之强。

永乐五年（公元1407年）七月，郑和船队回到南京，陈祖义等几名海盗头目也一同押解至京。明成祖十分痛恨这些贼首的海盗行径，以其罪行累累，十恶不赦，下令一律斩首，极大地震慑了那些逃亡海外以掠海为生的海盗们。旧港一带的海盗势力从此被全部肃清，东南亚一带海道从此畅行无阻。

设立"官厂"

郑和船队在旧港平定了陈祖义，然后一路北上，经过8天航行，到达了满剌加。

满剌加（今马来西亚马六甲）又称马六甲，位于马六甲海峡的东岸，扼制着太平洋和印度洋之间的交通要道。

　　据《瀛涯胜览》记载，满剌加在占城之南，顺风10日可至。在郑和奉命使其国前，满剌加旧不称国，因海有五屿之名，遂名五屿。也没有国王，而由头目掌管。因其地小势弱，一向受暹罗控制、欺凌，每年须进贡黄金40两，否则即派兵征伐。

　　满剌加的居民都是信奉伊斯兰教的回民，民风淳朴，并不敢反抗国力相对强盛的暹罗。但自从永乐元年（公元1403年）明成祖派遣宦官尹庆前来出使后，满剌加酋长拜里迷苏剌意识到，也许中国能将满剌加从暹罗的控制中解救出来。永乐三年（公元1405年），他派使臣来到中国朝贡，表达了希望得到明朝保护的请求。明成祖答应了他的请求，封他为满剌加国王，并且封满剌加国内的西山为

镇国之山，以此确认了满剌加的明朝藩属国地位。郑和这次来到满剌加，还为国王带来了明成祖亲自撰写的《镇国山碑铭》，他们将这篇铭文镌刻成石碑，永远树立在了满剌加的西山上。

郑和下西洋前期的主要任务，是要在东南亚和南亚建立和平安宁的局面，树立明王朝的声威。此外，还有一个重要任务，就是要为下一步向南亚以西更远的地方航行，建立中途候风转航的据点。

古代帆船航海，如要从中国到达南亚以西更远的地方，或者要往返于中国与阿拉伯诸国之间，一次季风仅能达于半途，必待第二年同一季风来临，才能继续乘风航行，到达终点。一般来说，自中国前往阿拉伯诸国的船只，停泊于爪哇或马来海峡一带，而自阿拉伯诸国返回的船只，停泊在印度南部，如此互相配合，往返时间为两年。当然，也可视航海中的具体情况，去时在印度半岛候风转航，返时在马来海峡或爪哇候风中转。所以，郑和船队要想在下西洋的后期，远航阿拉伯诸国，或到更远的地方，事先就要在爪哇马来海峡一带，以及在印度南部沿海地区，建立中途候风转航的交通中心站。

在马来海峡，由于郑和帮助满剌加赢得独立，拜里迷苏剌万分感激，自然情愿让郑和使团在满剌加建立航海基地。郑和经过反复勘查，在满剌加港口附近，选好一处地势开阔平坦的地方，设立"官厂"，作为保障远航后勤供给及商贸往来需要的基地。对此，《瀛涯胜览》有这样一段文字记载："凡中国宝货到彼，则立排栅，如城垣，设四门更鼓楼。夜则提铃巡警，内又立重栅，如小城，盖造库藏仓厫，一应钱粮屯在其内。去各国船只回到此处取齐，打整番货，装载船内等候南风正顺，于五月中旬开洋回还。"这段记载形象地描述了郑和在满剌加活动的情况。

其时郑和在满剌加留下小部分官兵盖造库藏仓厫，自己则率领船队继续向苏门答腊进发。经过9天的航行，船队到达了苏门答腊（今印度尼西亚苏门答腊岛西北部地区）。苏门答腊当时为今印度尼西亚苏门答腊岛西北部一小国，地理位置十分重要，素有"西洋要会"之称，为明初东西洋分界的国家。郑和使团重要成员马欢在《纪行诗》中说："苏门答腊峙中流，海舶番商经此聚。"可见其地位非常重要。

明成祖朱棣即位之初，就很重视发展中国与苏门答腊国之间的友好关系，以即位诏谕其国。永乐二年（公元1404年），朱棣又遣使赐其酋长织金文绮绒锦纱罗，以招徕之。这年中官尹庆使爪哇，顺道再次前往苏门答腊国访问，其酋长宰奴里阿必丁便遣使随尹庆来中国进贡本土特产。

明朝初年，南洋群岛诸国中以爪哇国最为强盛，常为患邻国。其时爪哇已吞并邻近的三佛齐国，进而就要危及苏门答腊。其酋长宰奴里阿必丁遣使随尹庆来中国向明成祖朱棣面陈这一危急形势。明成祖朱棣于是诏封宰奴里阿必丁为苏门答腊国王，赐以诰印、彩币、袭衣，以示苏门答腊与爪哇处于同等地位，爪哇不得随意侵犯。

郑和这次出使来到苏门答腊国，对宰奴里阿必丁正式举行了封王仪式，并赠送珍贵礼品，进一步加强了中国与苏门答腊之间的友好关系。这样，爪哇国就不能不有所顾忌，收敛其企图吞并苏门答腊的野心了。苏门答腊为了表示对明朝政府的感激之情，在永乐一朝的22年中，每年都遣使来中国朝贡，与中国建立了非常密切的关系。郑和在苏门答腊建立航海基地，专门设置了"官厂"，除设立船舶修造厂，还把苏门答腊作为船队分腙航行的大本营。

郑和在苏门答腊设置"官厂"的计划，在人力和建筑材料等方面得到了宰奴里阿必丁的热情相助，因而进展顺利。在满剌加与苏门答腊访问期间，郑和忠实地执行了明朝政府睦邻友好的外交方针，扶助弱小，制止国与国之间的战争，因而得到这两个国家的信任和友谊，使郑和在南洋群岛建立航海基地的计划，得以圆满完成。

在结束了对苏门答腊国的访问之后，郑和留下一小部分官军驻守"官厂"，又率领船队来到了一个全民信奉伊斯兰教的国家——

南渤里（今苏门答腊岛西北角的亚齐河下游一带）。南渤里西北方的大海中伫立着一座很大的平顶山，人们称它为帽山（今苏门答腊岛北海上的韦岛）。在明初，帽山以西的海洋叫西洋，以东的叫东洋，所以确切地说，郑和的船队只有经过了帽山才真正算是下了"西洋"。

南渤里是个只有千余户人家的小国，"俗朴实，地少谷，人多食鱼虾"，其国上下全是回族人，信奉伊斯兰教。

南渤里国既是伊斯兰教徒集中的地方，又是东西洋海上交通的枢纽，对明朝发展东西洋海上交通，加强与伊斯兰世界的联系，有着重要的战略意义。所以郑和第一次下西洋就特别重视这个小国，对它进行了正式的友好访问，赐给其国王玺书、彩币等最高规格的贵重礼物，以示大小国家同等看待，令南渤里国对中国心悦诚服。

锡兰山国

郑和结束在南渤里的访问后，又去锡兰山国访问。锡兰山国即今斯里兰卡，是位于印度东南方的一个岛国。据《星槎胜览》记载，其国"自苏门答腊顺风十二昼夜可达""地广人稀，货物多聚，亚于爪哇""气候常热，俗朴富饶，米谷足收"。境内山中多产"红雅姑、青雅姑、黄雅姑"等各色宝石，而且得之极易，"每大雨，冲流山下，土人竞拾之"。至于珍珠采集，也同样简单而

有趣:"海外有浮沙,珠蚌聚其内,光彩潋滟,王使人捞取,置之地,蚌烂而取其珠,故其国珠宝特富。"相传释迦牟尼曾"涅药"于该国佛堂山,故佛教盛行锡兰山国中。

在别罗里码头(位于今科伦坡南部的贝鲁瓦拉)的山脚上,有一个形似足迹的水潭,传说这是当年佛祖留下的。虽然里面常年都只有浅浅的一层水,却十分甘甜,据说不仅能包治百病,还能延年益寿。山脚边的佛寺中,供奉有佛祖的佛牙和舍利子,这些佛舍利是难得的佛门圣物。郑和虽是回民,据说他受明成祖身边的谋士——高僧姚广孝的影响,皈依了佛门。所以,郑和后来多次来到这个寺庙供奉香火,为下西洋的船队祈福。

锡兰盛产宝石,这里有一座高耸入云的大山(今斯里兰卡的阿聃峰),山上矿藏很丰富。据说,在下游的沙石中,人们如果耐心寻找,一会儿就能找到一颗宝石,这些宝石就是从山上掉落顺着海水流到这里的。

锡兰还盛产珍珠,锡兰也许是世界上最早懂得珍珠养殖的国家之一,这里的海中有一片洁白的沙滩,锡兰人在上面挖了一个巨大的池,叫珠池。每隔两三年,他们就将一些从海里采集来的螺蚌投到珠池中放养。螺蚌在多沙的珠池中活动,很多沙粒会被吸入蚌壳,由于蚌体柔软多水,肉质很嫩,有的沙粒会在摩擦中进入螺蚌体内分泌珍珠物质的地方,成为珍珠的凝结核。日复一日,螺蚌分泌的珍珠物质会将沙粒层层包裹,形成天然珍珠。待珍珠渐渐长大,锡兰人再到珠池来挖珠,每次都收获颇丰。天然珍珠颗粒硕大,珠形圆润,色泽光亮,每一颗都价值不菲,所以养殖和采集珍珠,成了国王的特权。

锡兰人用这些宝石和珍珠来换取郑和船队的麝香、丝绸、铜钱、瓷器、樟脑等物品,也经常将宝石和珍珠作为贡品,献给中国的皇帝。

锡兰山国是郑和船队到印度沿岸诸国及西亚各国的必经之地,

地理位置十分重要，其港口别罗里在锡兰山国西南岸，为郑和船队进入印度洋后，在南亚地区驻泊的第一个海港。

时为锡兰山国国王的亚烈苦奈儿却不是一位贤明的君主，史书上说他"崇祀外道，不敬佛法，暴虐凶悖，靡恤国人，亵慢佛牙"。亚烈苦奈儿身为一个佛教国家的君主，却不信仰释迦牟尼。他不但对国内的百姓残忍暴虐，而且仗着兵力强大，还对邻国侵扰欺凌，屡屡劫持邻国往来的使节，令南亚诸国苦不堪言。受亚烈苦奈儿暴政的影响，在锡兰山一带海域，海盗猖獗，严重阻碍了东西方海上交通的发展。

郑和这次来锡兰山国访问，原是本着睦邻友好的精神，劝说亚烈苦奈儿崇敬佛教，远离外道，改邪归正。可是事与愿违，亚烈苦奈儿非但不听郑和的劝告，反而勃然大怒，想要加害郑和。幸好郑和提前觉察，但他从睦邻友好的大局出发，不愿与锡兰山国发生战事，于是"走为上计"，当即率领船队离锡兰山国而去。

与古里国缔结海上贸易

郑和船队继续沿着印度半岛西海岸向上航行，先后到达了小葛兰（今印度奎隆）、柯枝（今印度科钦）以及此行的终点——西洋大国古里。这里，既是印度半岛西海岸最重要的3个海港，也是3个信奉佛教、尊敬大象和牛的国家。

小葛兰为今印度半岛上的奎隆，"其国与柯枝接境，自锡兰山西北行六昼夜可达。东大山，西大海，南北地窄"。其地产珍珠、红珊瑚。费信诗中曾这样形容："珠子光涵白，珊瑚色润红。"小葛兰因地处印度半岛南端尽头航线，来往船只较多，已形成市场，"日中为市，西洋诸国之马（码）头也"。小葛兰国人多信奉佛教，"敬象及牛，婚丧诸事与锡兰国同"。郑和访问小葛兰，向小葛兰国国王赠送了礼品，表达了互通友好的愿望，同时进行一些贸易活动。

结束了对小葛兰国的访问后，郑和船队又继续驶向西北，来到柯枝国。

柯枝即今印度西海岸的科钦，是古代印度沿岸重要的贸易港口。据《明史》卷三二六载，"其国与锡兰山对峙，中通古里，东界大山，三面距海""气候常热……田瘠少收，诸谷皆产，独无麦，诸畜亦皆有，独无鹅与驴云"。

柯枝国与中国交往较早，中国封建统治者在南北朝及其后的隋唐，都曾遣使来访。

明成祖朱棣即位之初，就派遣中官尹庆出使柯枝国，赠给柯枝国王销金帐幔、织金文绮、彩帛及华盖等。次年，柯枝国王也派遣使臣完者答儿来中国回访，并进献本国特产。

在两国关系进一步加强的基础上，这次郑和来到印度半岛西海岸各国访问，柯枝国是其中重点访问的国家之一。郑和到柯枝国后，除了对柯枝国王可亦里进行礼节性的拜访，互赠礼品，表达要进一步发展两国之间友好关系的愿望外，又谈起帖木儿帝国东进企图入侵中国之事。郑和到此时方知帖木儿已死，其国内已发生变乱，东征随之夭折。

在柯枝，除了国王，其他人共分成五等：最高等的是南毗人，他们是印度最高等种姓——婆罗门的一员，一般都是僧侣；其次是信奉伊斯兰教、善于经商的回族人；再次等的被称为哲地，这是印度的一种贸易种姓，一般都是商人和高利贷者；第四等人称为革令，他们一般从事贸易的中介工作；最下等的贱民叫木瓜，人数最多，通常以打鱼和做苦工为生。国王不允许他们经商，并勒令他们住在海边不超过一米高的房子里。

很多柯枝人以种植和经营胡椒为生。胡椒在当时不仅作为调味品和防腐剂，还用来制作香料，市场需求量很大。每年的胡椒收获季节，就会有胡椒商人到各个胡椒园收购胡椒，然后等待外国商人前来购买，价格大约是每200千克5两银子。富有的人们也参与胡椒贸易，但更多的是到各地收购珍珠、宝石、珊瑚等珍宝，以此同外国商人们进行贸易，这其中当然包括郑和的宝船队。

中国人很早就知道胡椒的价值了。在西汉皇宫里，就有一座宫殿叫椒房殿，专供皇后居住。因为这座宫殿墙壁的内外墙粉刷物中混合了胡椒粉末，所以气味芬芳；因为胡椒有多籽的特性，多籽谐音"多子"，让皇后住在椒房殿中，还有祝福皇后多多孕育皇子的寓意。

在郑和生活的明代，中国对胡椒的消费需求量依然很旺。

从柯枝出发，3天后船队到达了古里。

古里国王是南毗人，南毗人信奉佛教，尊敬大象和牛，而他们对大象和牛的尊敬，却不是佛教本身的教义导致的。

在很久以前，一个叫某些（伊斯兰教中的先知穆萨）的圣人来到这里传教，百姓们对他都很顺服。后来，某些到其他地方传教，就将他的弟弟撒没黎（古兰经中造金牛犊的人）留了下来。撒没黎在某些走后，造了一头金牛，这头金牛连排出的粪便都是金子，于是当地人就将金牛当成神明来供奉。某些回来后，看到人们被撒没黎蛊惑，就毁掉了金牛，并且要将撒没黎问罪。撒没黎得知后，骑着一头大象逃走了。但当地人却很怀念给他们带来金子的撒没黎，因而此后就将牛和象敬为圣物。

这个故事出自《古兰经》，应该是穆斯林们来到这里传教时流传开来的，但后来却逐渐成为当地人佛教信仰的一部分，他们经常将牛粪烧成灰，研磨成细粉，装在布袋中随身携带。

当初来到印度半岛传教的回族人，在古里受到特别的尊敬。在这里，与柯枝一样，回族人的地位仅次于南毗人。由于南毗人是僧侣，不太处理政务，所有大头目都由回族人担任，所以，实际上掌管国家事务的就是这些回族人。当郑和的宝船队到达古里后，负责组织商人与船队进行贸易的也是回族人。

　　古里国是西洋诸国中较大的国家，为古代印度半岛西岸一大商港，是中世纪著名的东西方贸易中心，号称"西洋诸番之会"。据《瀛涯胜览》记载，其地以椰树造屋，椰叶盖顶，蔬菜众多，树木繁茂，其中"木别子树高十余丈，结子如绿柿样，内包其子三四十个，熟则自落。其蝙蝠如鹰之大，都在此树上倒挂而歇，米红白皆有。"

　　明成祖朱棣即位以后，在开展与海外诸国的邦交中，古里是一个重要的国家。永乐元年（公元1403年）十月，朱棣即命中官尹庆奉诏抚谕古里，赠以彩币等礼品。古里国酋长沙米的派遣使臣随尹庆到中国访问，并进献本国特产，于永乐三年（公元1405年）到达南京。以古里不远万里来访，感到非常高兴，给予盛情的接待，封沙米的为古里国王，赐印绶及文绮诸物。

　　郑和第一次下西洋，对古里的访问是重中之重，这是由古里在东西方贸易中所处的重要地位决定的。永乐五年（公元1407年），郑和来到古里国，向国王沙米的宣读了明成祖朱棣所颁发的敕书，并赐给其诰命银印；对沙米的手下各位大臣，也分别赠送了丰厚的礼品，并"升赏"带有封爵性质的"品级冠带"。

　　郑和特别要同古里国国王及各级官员缔结密切的关系，一个重要的目的是要在印度半岛为船队建立航海贸易基地，使此地既可为大宗船队（主船队）候风转航的始发基地和集结港，同时又便于郑和使团贯通和加强西亚南洋群岛及印度半岛之间的海上贸易。

　　古里是当时世界上最负盛名的香料交易市场，所以，郑和宝船队在这里停留了比较长的时间，以便进行贸易。当宝船队进入古里港口的那一刻，古里国王就开始为这次盛大的贸易活动做准备了。他亲自选择了两位善于经商的回族头目作为自己的全权代表，负责这场贸易活动，由这两个头目和宝船队商量一个合适的贸易日期。

　　古里的贸易活动是相当规范的。据记载，到了贸易正式开始的那天，先由宝船队将他们带来的中国货物陈列出来，双方经过讨价还价，最后宣布议定的价格，价格议定后不能再悔改。然后，古里的商人们再将他们收购的胡椒、宝石、珍珠、珊瑚等货物拿出来商量价格。这个议价的过程比较复杂，需要持续1—3个月的时间。双方在价格确定之后才能展开交易，或者以物易物，或者用金银、铜钱购买。现存的史料对宝船队在古里的贸易活动记载得如此详细，可见当初船队在古里的贸易占船队贸易量的比重应该是很大的。

古里是郑和船队在印度半岛西海岸最重要的贸易港口，也是船队以后前往阿拉伯、地中海、非洲地区的中转站。古里经济繁荣，物资丰富，船队如果要横渡印度洋，需要在这里补充一年所需的食物、水和各种生活物资。

郑和使团在古里访问期间，除了开展贸易活动和参观游览之外，还着重对古里国的国情民俗进行了考察。古里这个国家，自宋、元以来就是"西洋大国"，为历史上有名的文明古国，又是国际上著名的贸易商港，所以人民生活优裕，物质条件很好；加以从国王到人民都具有虔诚的宗教信仰，人们一般都循规蹈矩，彬彬有礼，给郑和使团留下了很好的印象。费信在《星槎胜览》一书中赞美古里国"风俗甚厚，行者让路，道不拾遗。法无刑杖，唯以石灰划地乃为禁令"。

他们还注意到，古里国"王有大头目二人，掌管国事，俱是回回人，国中大半皆奉回回教门，礼拜寺有二三十处，七日一次行礼拜。至日，举家斋浴，诸事不干，巳午时，大小男子到寺礼拜，至未时方散回家，才做买卖，干理家事"。可见其举国上下对于伊斯兰教的诚笃。

郑和使团在海外诸国访问时，以与各国人民"共享太平之福"为宗旨，胸怀"世界大同"的崇高理想。古里国民风的淳朴、德行的优良，以郑和使团当时所能达到的认识水平看来，是与他们那种朴素的"世界大同"的理想相合拍的。

为了表示明王朝对古里特别的重视，郑和这次来到古里，不仅代表明成祖为国王沙米的举行了隆重的封王仪式，还在这里建造了一座碑亭，亭中的石碑上写着："其国去中国十万余里，民物咸若，熙嗥同风，刻石于兹，永示万世。"大意是，古里与中国虽然相隔10万余里，但是两国的风土人情很相似，又都处于太平盛世之中，在这里刻下这块石碑，就是要告诉后人，两国的友谊要永远保持下去。

罗懋登《三宝太监西洋记通俗演义》对当年这感人的一幕作了生动的描述：

"元帅（指郑和）受了番王（指古里国王沙米的）礼物，吩咐军政司安排筵宴，大宴番王，尽欢而别。番王道：'故老相传，小国去中国十万余里，何幸得接二位元帅（指郑和、王景弘）台光。今日之别，足称销魂。'元帅道：'不觉去中国十万余里之外。'王爷（指王景弘）道：'十万里之外，不可不勒碑纪程。'老爷（指郑和）道：'王先生言之有理。'即时吩咐左右盖造一所碑亭，竖立一道石碣，不时报完。左右来请字，老爷道：'请王爷见教罢。'王爷道：'还是老公公。'老爷道：'还是王先生罢。'王爷挥笔书之，说道：'此去中国，十万余程，民物咸若，熙嗥同情，永示万世，地平天成。'左右领去，记得成碑铭。番王道：'此存以甘棠之故事。'元帅道：'有中国才有夷狄，中国居内以制外，夷狄居外以事内，汝等享地平天成之福，不可忘我中国。'国王感戴，挥泪而别。"

明王朝虽然始终以和平外交作为郑和船队出使的宗旨，但这种外交是建立在各国臣服于中国的思想基础上的，明王朝在其中扮演着高高在上的角色。从随行文人留下的文字中，我们也可以看出，他们对各国的奇风异俗，除了好奇之外，也觉得这是不够开化的表现。但在这块石碑的碑文中竟然将古里和明王朝相提并论，虽然古里的确要比爪哇等东南亚国家文明程度高一些，从中可以看出这个中转的据点对于郑和船队具有十分重要的意义。而且，石碑既然竖立起来了，那么古里应该也答应了船队的这个要求，毕竟这对古里并没有任何坏处，还会因此增加更多的贸易机会。

郑和圆满完成了对古里的访问后，扬起风帆，开始了返回祖国的航程。郑和船队从古里港口起航，来到甘巴里国。郑和船队在甘巴里国做了短暂的停留，对甘巴里国国王进行了礼节性的拜访，互赠礼品；船队在此补充淡水和一些副食，并进行贸易，然后从甘巴里港口向锡兰山方向驶去。

郑和第一次下西洋，历时两年，主要访问了占城、爪哇、苏门答腊、南渤里、满剌加、旧港、锡兰山、小葛兰、柯枝、古里等国家和地区。除了锡兰山国王亚烈苦奈儿之外，各国国王都派使臣随郑和船队来到南京访问，郑和圆满完成了出使任务。

凯　旋

永乐五年（公元1407年）的夏天，当印度洋上吹起湿热的西南季风的时候，郑和的船队开始返航了。船队沿原途返回，经柯枝、小葛兰、锡兰、苏门答腊、满剌加、旧港到达爪哇，然后从爪哇直接往北航行至昆仑岛。昆仑岛位于湄公河的入海口，与占城遥遥相望。船队一旦过了昆仑岛，只需7天航程就可以回到国内了。

大约八月份，宝船队抵达了太仓。两万多名官兵连同上百艘战船留在了太仓，只有60多艘宝船有机会前往京城。

九月初二，宝船队到达京城。这是个秋高气爽的日子，船队从长江驶入江东门登岸。郑和嘱咐下属们将带回来的各国贡品和商品打点妥当，然后前往宫中觐见明成祖。

这次出使非常成功，郑和不仅带领使团与多个国家建立了友好关系，而且协助明朝军队打败了安南，活捉了海盗陈祖义并将他一路押送回了京城，更重要的是，他们还成功地使古里成为以后下西洋的航行中转站。

　　明成祖对郑和这次出使的成果非常满意，他下令在京城仪凤门外卢龙山（今南京狮子山）下建造寺庙，赐额"静海"。明成祖也对自己制定的这种外交政策更加自信，他迫不及待地想让船队再度出发。3天后他下令改造249艘海船，以备今后下西洋之用。

　　船队在旧港取得的胜利也令明成祖十分欣喜，他亲自下令将押解到京城的陈祖义处以死刑。九月初八，他又宣布设置旧港宣慰使司。在此之前，宣慰使司一向只在国家边境的少数民族地区设置，这次在旧港设立宣慰使司，并委任施进卿为宣慰使，等于在南洋地区建立了从属于明王朝的政权，他们与明王朝的关系要比其他国家与中国的关系紧密得多。

　　九月底，明成祖对旧港战争中的有功将士一一进行了升赏。在战斗中擒杀贼寇有功的军官，哈只由正千户升为指挥佥事，何义宗、宗真等由副千户升为正千户，王道官、卢琐儿由总旗升为试百户，胡旺、陈真生、咎成等人，由小旗升为总旗，孙仁武、李隆成、李进保、李荣等人，由士兵升为小旗。另外所有下洋者，均有奖赏，位居指挥的立功者能领到宝钞100锭，丝绸衣服4套；千户获钞80锭，丝绸衣服3套；百户获钞60锭，丝绸衣服2套；医士、番长获钞50锭，丝绸衣服1套；校尉获钞50锭，棉布3匹，旗军、通事、军伴等人均获钞、布赏赐。这些赏赐在当时意味着什么呢？这是荣誉，还是一笔不小的经济收入。"钞"是洪武年间开始发行的纸币，每1000文为1贯，每5贯为1锭。朝廷规定：钞一贯相当于银子1两，大米1石。所以说，这次有功将士得到的赏赐，是相当丰厚的。

　　明成祖对下洋官兵实行这么丰厚的赏赐，一方面当然是犒劳他们在战斗中付出的努力，另一方面也在激励官兵们继续参加下西洋的行动。从残存的《卫所武职选簿》中，我们可以看到，记录在案的100多名军官中，因为战争和疾病等原因死亡的人数占总人数的39%，虽然书中并没有指明他们是否是在下西洋过程中去世的，却不能排除其中很多人是在南洋感染瘟疫而死的可能性。有一定地位的军官尚且如此，普通士兵死亡的几率就更高了。所以跟随宝船队下西洋确实危险重重，明成祖需要通过这些物质奖励，鼓励官兵们战胜对死亡的恐惧，继续为下西洋保驾护航。

第五章 开拓海洋的成功

从永乐三年（公元1405年）的首航算起，郑和的船队"维绡挂席，际天而行"，总共历时28年，7次出使，足迹遍布亚非三四十个国家。

即使在科技发达、信息畅通的今天，率领一支庞大的船队，纵横于大洋之间也是常人无法想象的困难。但是生于中国内陆，此前从未见过大海的郑和，却成为中国有史以来开拓海洋的最成功的人。

第二次出使西洋

永乐五年（公元1407年）的冬天，经过短短几个月休整的宝船队，再次从太仓刘家港出发了。

这次，宝船队到达的第一站是占城。船队到达占城的时候，已经是永乐六年（公元1408年）的春天了。此时的占城与两年前已经完全不同，明朝与安南战争的结果，使占城得到了安全保障，占城人对明朝充满了感激和尊敬。他们去年就前往南京朝贡，向明成祖表达谢意。宝船队这时再度莅临占城，占城国王派他的孙子向使团送上了大象和各种土特产品作为贡品。其中有一种贡品叫伽蓝香，是沉香木中的珍品。沉香本身已是一种贵重的高级香木了，而伽蓝香只有占城出产，所以尤其珍贵。此外，贡品还有犀牛角和象牙。占城人就是用这种方式，再次表达了对明朝的感激之情。

按照既定的航线，船队的第二站是爪哇。此前，明成祖曾下令，让爪哇交纳6万两黄金作为杀害170多名明朝官兵的赔偿。但爪哇看到郑和船队已经回国，明朝又远在数千里之外，迟迟没有交上这笔赔偿金。明成祖对此很不满。敦促爪哇国王交纳罚金，成为这次船队到爪哇的又一任务。在郑和的一再催促下，爪哇不得不在当年的十二月向明朝交纳了1万两黄金。明成祖需要的只是爪哇这种臣服的态度，所以他减免了尚未交纳的5万两黄金。爪哇也很快意识到，这种臣服的关系并不会对本国造成任何实质上的伤害，反而能从渐渐频繁的朝贡贸易中获得大量的财富，因此也就不再抵制与中国的交往，还频繁地派遣使者前往中国朝贡。

离开爪哇后，船队又先后造访了旧港、满剌加、苏门答腊、南渤里，并从这里再次驶入印度洋。

在郑和第二次出使期间，发生了不少值得细说的大事，其中最重要的莫过于浡泥国王来华朝贡。

在15世纪初期，中国是世界上最强大的国家，也是东方文明的中心。

浡泥即今天的文莱，全称文莱达鲁萨兰国，位于印尼加里曼丹岛北部，北濒中国南海，东南西三面与马来西亚的沙捞越州接壤。早在北宋太宗时，浡泥便与中国通好。明洪武三年（公元1370年），明朝遣使通好后，双方往来不断。浡泥虽然是个海岛之国，但土地辽阔，物产丰富，百姓生活富庶，还盛产降香、玳瑁、片脑等名贵药材。浡泥国信奉佛教，百姓吃斋念佛，对华人非常友好，每次见到华人的船队抵达，都热情迎到家中，像老朋友一样盛情款待。

郑和船队到浡泥一事，《明史》《星槎胜览》《瀛涯胜览》等并未见载，唯有《瀛环志略》载："明初，遣太监郑和等航海招致之。"据考证，郑和赴其国为永乐五年（公元1407年）第二次下西洋时。

前面曾经提到过，在郑和第一次下西洋时，使团副使王景弘曾经率领分腙到访过浡泥国，封前浡泥国王马合谟沙世子麻那惹加那乃为浡泥国王，并赐给印符诰命。

奚尔恩等《远东史》记载："1405年七八月间，郑和率大舰队由苏州航行南下，先至吕宋之林加烟湾，又至马尼剌，而苏禄、布隆尼（浡泥），而至印度支那海岸之占婆（即占城），复南行至爪哇、苏门答腊及马来半岛。"这里所说先至林加烟湾、马尼剌、苏禄、浡泥的船队，就是由王景弘所率的一支分腙，所以至今文莱有一条"王总兵路"，以纪念王景弘对浡泥的访问。

永乐六年（公元1408年），浡泥国王麻那惹加那乃率领他的妃子、兄弟以及弟妃等150多人来中国进贡。明成祖朱棣对浡泥国王的来访表现出极大的热情，给了他们极高的礼遇，因为这是明代第一位来中国访问的海外国王。

当麻那惹加那乃一行先行抵达福建时，明成祖念其远涉重洋，便派太监杜兴等前往设宴接风，并吩咐沿途各地在浡泥贵宾进京途中要设宴款待，不许怠慢。

到达南京之后，浡泥国王觐见明成祖，献上自己的贡物，"奉金镂表文及贡龙脑、帽顶、腰带、片脑、鹤顶、玳瑁、犀角、龟筒、金银八宝器诸文物"。麻那惹加那乃对明成祖说："您的王朝统一了华夏大地后，我的国家也因此受益，您册封我为国王以来，我浡泥国就风调雨顺，别的国家再也不敢轻易冒犯我国的疆土了，这都是您赐予我们的恩惠。我们远在海外，唯恐您不能感受到我们的诚意，所以不远万里前来觐见。"

明成祖对他的远道而来备感欣慰，对他的表现也十分满意。明成祖认为，在无数海外国家的国王中，只有浡泥国王麻那惹加那乃才算得上是真正的贤者，能领会自己"怀柔远人"的心意。同时，麻那惹加那乃的妃子也向皇后献上珍贵的宝物。朱棣自然很客气，赏赐了他们精美的华服，安排专门的官员陪侍左右，居住在礼待外宾的会同馆。

明成祖特许大臣们以对待亲王的礼仪来接待浡泥国王，因此，浡泥的使团除了参加明成祖安排的会见，他们还同明朝的礼部官员进行了会谈，并参加了各种类型的宴会和娱乐活动。

浡泥国王一行来到南京，受到明朝政府的最高礼遇，这在中外文化交流史上也是一件盛事。他们在南京参观访问，亲见中国文物典章之美，军容仪威之盛，百姓安居之乐，并感受到南京历史文化的无穷魅力，以"生居绝域，习见僻陋"，得"获睹天国太平乐事之盛"，感到"死且有光"。

永乐六年（公元1408年）十月，或许是长时间的旅途劳顿，或许是在南京水土不服，尚在盛年的浡泥国王麻那惹加那乃竟然在南京不幸病逝了。国王仰慕大明王朝的声名和文物，感激明朝君臣上下的至诚招待，弥留之际，遗言王弟和子嗣世世代代不忘天子的恩德，要求体魄托葬中华。

明成祖痛悼麻那惹加那乃的不幸逝世，为之辍朝三日，以表哀思，赐予浡泥国王谥号为"恭顺"王，将浡泥国的东山封为"长宁镇国之山"。为了表示对浡泥国王的尊重，遵从国王的遗愿，按王的规格将他安葬在南京西南郊外的石子岗，并特意选择了几户西南地区的少数民族人家来南京为他守墓，岁时拜祭不辍。浡泥国王埋骨中国，不仅说明了他对这个国家真心的喜爱，也表现出当时明朝和各国修好的信念。

明成祖封麻那惹加那乃的儿子遐旺继承为新的浡泥国王,赏赐冠服、玉带、仪仗、鞍门、服物、器皿及金银、丝绸等。在遐旺的请求下,明成祖敦促爪哇国王都马板取消了爪哇每年向浡泥索取的40斤片脑的进贡。

十二月,继任浡泥国王遐旺率领使团回国时,明成祖将他们在会同馆中使用过的一切贵重器物全部作为赏赐,还另赏黄金100两、白银1000两。他派船队护送使团回国,到达浡泥后,船队将明成祖亲自撰写的镇国之山碑文镌刻在石碑上,竖立在浡泥国的东山。

从此,中国与浡泥之间的关系得到了进一步发展,两国长期保持了良好的外交关系。浡泥国王来朝成为郑和下西洋的外交活动取得成功的典型事例,万国来朝的局面似乎指日可待。

地处南京石子冈的浡泥国王墓,明代以后逐渐湮没了,直到1958年才被重新发现。据1958年6月30日《新华日报》记载:"新华社南京28日电:南京市文物保护委员会最近在文物普查工作中,发现了明代浡泥国王墓。明代所称浡泥国,就是现在的印度尼西亚的加里曼丹岛。这座墓在南京市南郊。东西相对,由南而北有石马、石文臣、石羊石虎、石武将各一对,都基本完整。碑文中,'浡泥国王去中国'等字还清晰可见。"

立碑锡兰山寺

就在浡泥使团回到国内的时候,郑和率领宝船队来到了锡兰。

锡兰山古称狮子国,又称僧伽罗国,即今之斯里兰卡,为南印度的佛教圣地,有不少佛教胜迹。当地崇信佛教,历史悠久,唐代玄奘大师就曾去该国取经,居民对佛教非常虔诚。

郑和作为佛家信徒,衔命来此,为了增加与当地人民的感情,也为了表明自己的诚笃之心,当然应有所表示。他在第一次来锡兰山时,即曾奉《法华经》到锡兰山佛寺供养。郑和第二次来锡兰山时，为"崇皇图之治"，向锡兰山佛寺所布施大量的礼品，包括：金1000两，银5000两，各种颜色的绸缎50匹，织有金丝的绸缎旌旗4对，其中红幡2对，青幡1对，黄幡1对。此外，还有古铜香炉5个，黄铜灯盏5个，戗金香盒5个，金铸莲花6对，香油2500斛（斛是古代的容量单位，明代一斛等于50升），蜡烛10对，檀香10炷。

为了显示自己的诚心，郑和还建立了石碑，刻以中文、泰米尔文、波斯文3种文字，以记其事。碑文中说："大明皇帝遣太监郑和、王贵通等，昭告于佛世尊，曰：仰惟慈尊，圆明广大，通臻玄妙，法济群伦，历劫沙河，悉归弘化，能仁慧力，妙应无方。"

郑和布施锡兰山佛寺如此丰厚的香礼，让各国人士目睹中国外交使团对该国信仰的尊重，事佛的虔诚，同时又展示了中国的富有和精美的佛具，无形中扩大了中国在海外的影响。

由于锡兰举国信仰佛教，宝船队这次盛大的礼佛活动，也是希望增进同包括锡兰统治者在内的锡兰人民的感情，以促进两国的友好交往。当然，郑和通过这些价值不菲的供奉，也希望佛祖能够保佑船队一路平安。

随后，同第一次下西洋的时候一样，船队又先后出使了小葛兰、柯枝和古里。不同的是，在离开小葛兰后，郑和率领船队第一次出访了甘巴里（今印度西部的甘巴湾）和阿拨把丹这两个国家。这是印度半岛西海岸上的两个小国，同样信奉佛教，百姓以种植稻谷和打鱼为生，并没有什么特产，也不如柯枝和古里那么繁华，但是民风淳朴。这两个国家此前从来没有和明朝交往过，郑和这次带着锦绮纱罗来到甘巴里和阿拨把丹，将这些物品赏赐给他们的国王，以此开启了同这两个国家的外交大门。果然，永乐十三年（公元1415年），甘巴里国就派遣使者来到中国朝贡了。

千佛之国

此后，船队在古里等待季风，伺机返航。航线依旧是从古里出发，经苏门答腊到满剌加。与上次不同的是，这次船队从满剌加直接到达了暹罗（今泰国）。

暹罗由暹国和罗斛国合并而成，原来称为暹罗斛国。洪武十年（公元1377年），暹罗王子昭禄群膺率领使团来中国朝贡，明太祖在高兴之余，就赏赐了一个"暹罗国王之印"给他们，从此暹罗斛国就改称暹罗了。

暹罗是南洋地区比较强盛的一个国家，它一方面保持着与中国的良好关系，一方面却也开始窥伺周边的小国。有一次，占城前往中国朝贡的船只被风吹到了暹罗，暹罗强行扣留了这些船只，借此向使团索取财物。一海之隔的苏门答腊和满剌加也成了暹罗的属国，满剌加每年要向暹罗奉上黄金40两，暹罗还强行夺取了明朝赏赐给两国国王的王印和诰敕。

明成祖听到这些消息后很生气，准备派使者到暹罗去谴责已成为国王的昭禄群膺。但当时又发生了另外一件事：永乐四年（公元1406年），暹罗派往中国的使团在安南被杀，只有一个叫孛黑的人活了下来。明朝打败安南后，孛黑就被明朝的军队带回了京城。明成祖对使团的不幸遭遇感到十分惋惜，他派专人护送孛黑回国，并且让人转告暹罗国王好好抚恤死去使臣们的家属。可能就是这样，派使臣前往暹罗训诫昭禄群膺的事被搁置了下来。

恰好这一年郑和回程途经满剌加，可能满剌加的国王对暹罗有所抱怨，所以郑和就直接到暹罗拜访了暹罗国王。郑和向昭禄群膺转达了明成祖对他的不满，他说："占城、苏门答腊、满剌加是和你的国家一样受到我大明朝封赐的，你怎么能恃强凌弱扣留他们的使臣、抢夺他们的诰敕和王印呢？今后你应当以安南为鉴，与邻国和睦相处，将扣留的使者送回，并且归还诰敕、王印。"安南这时候已经亡国，明成祖让他以安南为鉴戒，必然使昭禄群膺感受到了危机，所以他向使团献上了大量的贡品，并恳请郑和回国后向明成祖转达自己的忏悔之意。

暹罗号称"千佛之国"，崇信佛教，国民无论男女，多为僧人或尼姑，也在庵寺居住，持斋而戒。特别是富贵之家，尤其敬佛。郑和在调解好暹罗与邻国的关系后，即从尊重暹罗国的宗教信仰出发，前往暹罗国最大的玉佛寺参拜佛祖，并布施财物。当地政府为了纪念郑和奉行的友好睦邻邦交政策，特地将大城的帕南车寺改称为三宝公庙，并"祀中官郑和"。

吴哥古迹

郑和第二次出使所行走的路线，与第一次大致相同，在结束了对南亚各国的访问后，于永乐七年（公元1409年）启程回国。船

队从古里港口起锚，一路航经柯枝、小葛兰、甘巴里、锡兰山、南渤里、苏门答腊、满剌加等地，在北上回国途中，又访问了暹罗国。离开暹罗港口，船队北上，途经真腊沿海，顺道对这个以建筑艺术闻名于世的文明古国进行了访问。

真腊即今柬埔寨，其地在占城之西南。真腊幅员辽阔，物产丰富，都城中有30余座富丽堂皇的宫殿庙宇。国王主持的一年一度的朝会，用来盛饭菜的餐具都是黄金打造的，所以有"富贵真腊"的美名。真腊北面与占城接壤，占城虽然总是受到安南、暹罗的侵犯，却比真腊强盛一些，所以洪武年间屡次夺取真腊向明朝朝贡使团的财物，后来在明太祖的训斥下劫掠才停止了。因此，真腊和明王朝的关系一向很融洽。在处理土著与华人的关系时，真腊有一条非常特殊的规定，就是如果土著杀死了华人，就要被处死；而如果华人杀了土著，只需要赔偿罚金即可。由此可见，华人在真腊受到特别对待，地位较高。

真腊崇尚佛教，12世纪上半叶，建于其都城吴哥城的吴哥寺窟，为世界著名的佛教文化古迹。郑和一行在对真腊国王做了礼节性的拜访之后，便应邀游览了著名的吴哥古迹。郑和使团重要成员费信在《星槎胜览》中曾对吴哥的建筑群做过概括的介绍："其国门之南，为都会之所，有城池，周七十余里，石河广二十余丈，殿宇三十余所。"吴哥古建筑有许多精美的佛塔以及众多的石刻浮雕，蔚为壮观。佛塔全部用巨大的石块垒砌而成，有些石块重达8吨以上。佛塔刻有各种形态的雕像。有的高达数米，生动逼真。吴哥寺中的5座莲花蓓蕾似的佛塔高耸入云，是高棉民族引以为傲的精美建筑。

吴哥寺之外，吴哥古迹中的空中宫殿和女王宫，也以其精美绝伦的建筑艺术，令郑和使团成员们大饱眼福，流连忘返。

建于12世纪的空中宫殿是一座全石结构建筑，筑于一座高12米的高台上，呈金字塔形，分3层。台中心建有一塔，塔上涂金，光芒四射，四周有石砌回廊环绕。由于台高，给人一种悬在空中的感觉，故有"空中宫殿"之誉。

女王宫原名湿婆宫，长200米，宽约100米，坐西朝东，中心为3座并列的塔形神祠和左右对称的配殿。塔祠的外围有3道围塔，内外围塔之间有拱门、镂花石柱和石碑等。整个塔祠巍峨壮观，建筑奇巧别致。每座塔祠上都刻有各种鬼神的雕像，塔基及其两侧神龛和门楼上也是千姿百态的浮雕，内容多是记载古代高棉人民的生活情景，以及抵御外族侵略的战斗场面。这些雕像细腻优美，给人以轻灵飘逸和奇特美妙的感受，也给郑和留下

了非常深刻的印象。郑和后来在南京主持建筑大报国寺和琉璃宝塔时，就吸收了吴哥古迹中的建筑艺术精华。

船队离开真腊，在永乐七年（公元1409年）夏天回到了京城。但这次明成祖并不在南京，他已经在这年二月份前往北平准备北征了。然而他并没有将下西洋这件事遗忘，早在这年的三月份，他就下达了命郑和第三次下西洋的诏书，而当时郑和的船队还远在数千里外。

第三次出使西洋

永乐七年（公元1409年）九月，郑和率领宝船队再次踏上下西洋的旅程。

有了前两次下西洋的基础，明成祖希望这次宝船队能向西洋的更深处前进。他给南京守备的一道诏书中提到："太监郑和将要前往西域的忽鲁谟斯（今伊朗霍尔木兹岛）等国公干，船队需要的士卒，希望你们按照要求准时调拨。"这说明郑和这次出使，是准备穿过阿拉伯海到达西亚的。因此，他们这次乘坐的是工部最新造好的48艘宝船。

在第三次出使西洋的使团中，有一个值得一提的年轻人，叫费信，字公晓，是苏州府昆山县人。费信生于洪武二十一年（公元1388年），自幼十分好学，但因家境贫寒，无法去学堂读书，只能借书自学。建文四年（公元1402年），费信在太仓卫服兵役的兄长去世了，他只好顶替兄长服役。永乐七年（公元1409年），郑和在第三次下西洋前，从军队中选拔了一些有才气、有见地的士兵，充任使团文书。费信凭着多年勤奋苦读的积累脱颖而出，率先入选。从此，他分别随郑和、侯显先后4次出使西洋。他有一个很好的习惯，就是每到一个地方，就会将当地的山川、物产、风俗记录下来，最终将这些零碎的札记汇编成《星槎胜览》一书。这本书流传至今，成为现在研究郑和下西洋这一历史事件的最重要的3部著作之一。

在这次下西洋途中，还有一个军官叫周闻，直到20世纪80年代初才为后人所知。周闻，字声远。他的先世是淮西合肥人，原姓尚，元末群雄奋起，跟从周姓的姑父立了军功，就改姓周，从征山东、四川等地，劳苦功高，升为衡州卫百户，后来改调泗州、南宁，周闻袭职。建文四年（公元1402年），18岁的周闻迁到了太仓。永乐七年（公元1409年），正当盛年的周闻加入了下西洋的队伍。此后，周闻连续参加了后四次的下西洋和永乐二十二年（公元1424年）的旧港之行。第四次下西洋后，周闻因功升为太仓卫右所副千户，世代承袭阶位武略将军。周闻四次下西洋都到达了终点，而最后一次旧港之行可能因为身体原因提前返回，后成化六年（公元1470年）85岁时去世。周闻冒险履危，前后在下洋途中度过了25年的不平凡岁月，成为数万官兵中的一员。他和妻子张氏的墓碑于1983年在太仓城厢公园树萱斋的西壁内被发现，这座墓碑也是郑和下西洋的又一重要史证。

海外追捕

永乐七年（公元1409年）十二月，宝船队从福建五虎门出发，第一个到达的是占城。通过费信的记载，我们仿佛可以穿越时空，回到600年前的那艘宝船上，去见证宝船进港的那一刻：占城国王得知宝船队即将抵达新州港（今越南中南部平定省的归仁港），乘着大象前来迎接。他肤色很深，头上戴着三山金花冠，身上披着锦花手巾，手腕脚腕上都戴着金镯子，脚上穿着用玳瑁壳做成的鞋子，腰间系着八宝方带。他端坐在大象背上，远远望去，活脱脱就是一个金刚。他的前后是由500名士兵组成的仪仗队，有的拿着刀枪，有的擂鼓，有的吹着椰壳筒。仪仗队后是乘着马跟随国王出迎的头目们。身着锦衣华服的郑和率领部下上岸后，举行了一个隆重的仪式，宣读明成祖给占城国王的诏书，并奉上皇帝赏赐的各色物品。这时，占城国王从大象坐骑上下来，跪着行走到使团面前，匍匐在地，听郑和宣读诏书，并对皇帝的赏赐表示感谢，又将准备的贡品也一一贡献出来。通过这个仪式和占城国王谦卑的态度，使团成员们明显感受到了占城对明王朝的臣服。

郑和的船队离开占城后，大概又先后去了爪哇、旧港，然后到达满剌加，再从满剌加出发到达苏门答腊、南渤里、锡兰、小葛兰、柯枝和古里。但从现有的史料来看，永乐七年（公元1409年）至永乐九年（公元1411年）并没有明朝使者到过爪哇和旧港，倒是去过暹罗。那么，船队也有可能是直接从占城开往暹罗、满剌加的。

船队此次前往暹罗，有一个明确的目的，就是商议中国流民何八观的遣返事宜。

何八观在国内犯了罪，而且是反对朝廷的重罪。为了躲避惩罚，他逃到了海外，并在南洋的某个地方纠集了一批人，逐渐形成了一股反对明朝的海外势力。作为海盗，陈祖义还可能被容忍甚至被招安，但反朝廷的何八观就只有死路一条了。郑和第一次下西洋时，有可能也肩负着追捕何八观的使命。所以当郑和船队到来的时候，他就逃到了暹罗。

永乐七年（公元1409年）十月初一，暹罗派使臣前来朝贡时，明成祖就让他回去转告暹罗国王昭禄群膺，让他将何八观等人遣返中国。但直到十二月份，暹罗都没有动静，因此郑和不得不再次来到暹罗。

何八观这件事原本和暹罗没有什么利害关系，但暹罗有可能想借此机会获取一些利益，因此一再拖延。郑和来到暹罗后，经过一番交涉，暹罗才同意遣返。最后，在永乐八年（公元1410年）到中国朝贡的时候，他们将何八观等人带了回来。

明朝追捕逃犯之所以这么兴师动众，大概是由于当时逃亡海外的人比较多，既影响了明朝的统治秩序，也对明朝的声誉产生了消极影响。明成祖试图通过郑和宝船队追捕何八观等流民的行动，试图对国内私自出国的人形成警示，也告诫海外各国不要再收容中国流民。这一举动影响深远，直到万历年间，还有逃亡海外的人被遣返中国的例子。

臣服之国

船队在暹罗完成了使命后，一路南下，前往满剌加。

满剌加虽然占据着东西方的交通要道，却是个小国，一直被暹罗控制着。因为暹罗抢夺了明朝赐给满剌加国王的王印和诰敕，郑和在永乐七年（公元1409年）第二次下西洋的返程途中，就曾带领使团到暹罗，谴责了国王昭禄群膺，昭禄群膺也表示以后要与邻国和睦相处。但事实上，满剌加却还是暹罗的属国，仍然需要每年向暹罗进贡黄金40两。

满剌加臣服于中国，中国需要保护它的国家地位。此外，满剌加将作为宝船队西行的第二个中转地，中国有必要采取措施保障它的安全。所以，郑和这次到达满剌加后，代表明朝廷为拜里迷苏剌举行了隆重正式的封王仪式。

其实，早在永乐三年（公元1405年），明朝就已经封拜里迷苏剌为王了，但这次明成祖特别赐给他双台银印和与此匹配的服饰，以表示满剌加的特殊地位。明朝在海外封王时，一般只赐一台银印，即使在本国，也只有六部尚书这样的二品官员才有资格拥有双台银印。

果然，从此以后，暹罗再也不敢轻易侵扰满剌加了，直到1511年被葡萄牙占领，满剌加获得了长达100年的独立发展时间。

经过这两次的外交斡旋，郑和使团帮助满剌加获得了独立，并因此取得了满剌加国王的信任，他允许郑和将满剌加作为船队的中转地，还帮助他们在这里建起了"官厂"。

官厂实际上就是用来储存货物的大型仓库，但为了保证货物的安全，郑和将它建成了一座小型城市：周围用栅栏筑起了两道城墙，城墙上有4个门，还建了钟楼和鼓楼，晚上还安排士兵在四周巡逻。

此后，宝船队每次到达满剌加，都将此前在占城、爪哇等国贸易所得的货物卸下来，暂时安置到官厂中。船队减轻了负荷，加快了西行的速度，第二年从印度洋航行归来的时候，再把这些货物装船运走。

满剌加的边境上，有一个地方叫九州山，地处热带，到处都是茂密的丛林，山上盛产沉香木和合黄熟香木。郑和使团在永乐七年（公元1409年）来到了九州山，派遣一些官兵到山中采伐香木。在当地人的指引下，他们找到并砍伐了6棵树干直径近3米、高近30米的香木，将它们运回了国内。这么高大的树木，光砍伐和搬运就要动用大量的人力，当地人纷纷赞叹：只有天朝的强大兵力，才能完成这样令人叹为观止的浩大工程。

为了表示对中国的感谢，永乐九年（公元1411年），满剌加国王拜里迷苏剌亲自带领使团来中国朝贡，7月15日，使团到达中国。这是继浡泥国王麻那惹加那乃之后，第二个率领使团来到大明的外国国王。

明成祖对满剌加使团来访非常重视，他派宦官海寿、礼部郎中黄裳前往福建为使团接风，又在会同馆做好了迎接使团入住的准备工作。

10天后，拜里迷苏剌带着540多人的庞大使团到达京城，觐见了明成祖，献上了贡品。当天，明成祖在接待过浡泥使团的奉天门举办国宴招待使团成员。奉天门东西长58米，南北宽30米，本是明朝皇帝接见臣子商议国事的地方。也许只有这里，才能显示明朝对满剌加使团来访的重视，也才能容纳得下如此庞大的满剌加使团和为数众多的明朝接待人员。

此后的近两个月内，明成祖又多次设宴款待满剌加使团，还让礼部为拜里迷苏剌国王送去了两件金丝绣成的龙衣、一件绣有麒麟的绸缎衣服，还有各种金银器皿、帷幔被褥等生活用品，拜里迷苏剌的妻子和臣子也得到了赏赐。明成祖还允许使团利用这次机会在中国进行贸易，用满剌加特产交换中国的丝绸、瓷器等物品。

9月15日，明成祖为结束访问的满剌加使团举行了盛大的欢送宴会，并再次赏赐大量的金银和绸缎，仅国王拜里迷苏剌一人就得到了鞍马2匹、黄金100两、白银500两、钞40万贯、铜钱2600贯，锦绮纱罗300匹，绢1000匹。

因为郑和的船队已在当年的六月份回国，所以郑和一定也参加了明成祖为拜里迷苏剌举行的各种外事活动。

东南亚岛屿林立，像浡泥、满剌加这样的小国很多，他们周围的强国一旦发现有利可图，就会通过武力将这些小国置于自己的控制之下，而这些小国通常没有对抗能力。郑和下西洋之前，安南对占城，占城对真腊，暹罗对满剌加，苏禄对浡泥，爪哇对旧港和苏门答腊就存在这样以大欺小的关系。

郑和下西洋之后，这些矛盾被一一化解。因为朱棣的"怀柔远人"政策，就是不仅要使各国同中国保持良好的关系，还要使各国之间和睦相处，而形成这种局面的关键就在于防止大国侵犯小国的利益。所以，郑和下西洋以来，由国王率领使团前来朝贡的浡泥和满剌加都是从"怀柔远人"政策中获益的小国。虽然在这个过程中难免会有以武力威胁达成目的的嫌疑，但那些相对强大的国家除了再也不能侵犯他国之外，并没有什么实际的损失，这与后来西方在殖民扩张时代以武力掠夺各国资源是完全不同的。

第一个吃燕窝的人

在满剌加国附近，分布着一些统称九州山的岛屿，以盛产沉香、黄熟香而闻名。郑和在前两次下西洋经过时，从当地居民那里获悉这一情况，已有上山采香的打算。在船队第三次出使来到满剌加时，因为事情比较多，在满剌加逗留时间比较长，有部分官兵得有空闲，郑和便派其中一些人去九州山采香。

九州山四面环海，景色秀丽，山上林木丛生，枝叶茂密，郁郁葱葱，沉香、黄熟香等香木遍山都是，仿佛世外桃源。沉香是很有名的香料，若是将其砍断，堆积数年，直至外围腐烂，仅存树心，其香清远，放入水中，竟可下沉，"沉香"之名即由此而来。而黄熟香的"香"，其实就是砍断黄熟香树流出的色黄而成熟的树脂。郑和这次派官兵入山，意外地采到长八九丈、直径有八九尺的特大香树6株，都是黑花细纹，香清味远，实在罕见。这么巨大的树木，官兵们运走时，却并不费劲，岛上的土著见了，都瞠目结舌，惊叹大明王朝的官兵的威力如天上神兵一般。

郑和派官兵上九州山采香，为便于与当地居民交流，特派费信随行，做一些翻译事宜。后来费信在《星槎胜览》一书中记载了永乐七年官兵入山采香之事，为人们了解郑和官兵在海外岛屿上的经历，留下了一段珍贵的史料。

这次船队采回的香木，运回国内，实为罕见珍品，但在九州山却是自然之物，无须用钱或物交换，径直入山采伐即可获得。由此说明一个问题，郑和船队"入海取宝"，并不是所有的"宝物"都要花费钱财。

下洋官兵在海外岛屿上采集珍贵土特产的事例有很多。今天的马六甲，是个吃燕窝的好去处。春节期间到酒店吃燕窝的、去超市买燕窝送礼的极为普遍。可据当地传说,中国第一个吃燕窝的人竟是郑和。

传说郑和的远洋船队在海上遇上了大风暴,停泊在马来群岛的一个荒岛处,食物紧缺,无意中发现在断石峭壁上的燕窝。于是郑和命令部属采摘,洗净后用清水炖煮,用以充饥。数日后,船员们个个脸色红润,中气颇足,郑和顿时明白了燕窝的功效。郑和于是又采集了一些燕窝,回国后献给明成祖。从此,燕窝成了东南亚一些国家来中国朝拜的贡品。据文献记载,燕窝数量较多地输入中国,大约是在17世纪后期,每年有12.5万磅约400万只燕窝从爪哇的巴达维亚(现雅加达)运往中国。这与郑和七下西洋经过的国家是吻合的。

当然,从文献记载看,说郑和是中国第一个吃燕窝的人显然不准确,《岭南杂记》说燕窝入席不迟于唐代,唐杜甫有诗云:"海燕无家苦,争衔白小鱼。却供人采食,未卜尔安居……大官求此物,早献上林书。"可见那时燕窝已是"大官"渴求的美食了。不过,即便郑和不是吃燕窝的第一人,郑和及其船队在下西洋的途中吃过燕窝,并将燕窝献给明成祖,也是有可能的。燕窝多产于悬崖绝壁顶端,采摘燕窝是险而又险的劳作,攀登于悬崖峭壁之间,踏空穴、扒缝隙,有时借助绳索如荡秋千于峡谷之中,举手投足,扣人心弦,一旦失足,即坠入深壑,粉身碎骨。郑和官兵当年若是有过采摘燕窝的经历,那该是怎样一种冲天豪气啊!

锡兰之战

宝船队离开满剌加的九州山,继续向西前行,一路经过苏门答腊和南渤里,再次到达锡兰。

锡兰作为印度半岛南部的佛教圣地,其国民一向崇信佛教,与中国的关系也还算友好。但此时的锡兰国王亚烈苦奈儿是个异数,他不仅不信奉佛教，还屡屡对佛牙和佛舍利这些圣物加以亵渎。他统治人民的手段也非常残暴，很多人不得不逃亡到附近的海岛上，以抢劫来往船只为生。亚烈苦奈儿自己也屡次劫持各国前往中国朝贡的船只，以获取财物。

郑和船队之所以在刚回国后不久又奉命出使，重要原因之一就是要解决锡兰山国王亚烈苦奈儿称霸海上的问题。这个问题，在郑和下西洋之前，就已经存在。当时，亚烈苦奈儿拥有不少于5万的军队，称霸于南亚地区，经常侵扰邻国，甚至屡屡出兵劫持邻国与其他国家之间相互往来的使臣，使各国深受其害，叫苦不迭。

对于中国，亚烈苦奈儿同样不放在眼里。据锡兰史籍记载："1405年，有中国佛教徒一队，来锡兰献香火于佛齿圣坛，为国王维哲耶巴牙六世（也即亚烈苦奈儿）所虐待。"这一事件，不仅在海外信仰佛教的国家中损害了中国的威信，而且明显反映出亚烈苦奈儿对中国是持一种十分不友好的态度。

郑和第二次出使时已经感受到亚烈苦奈儿的强横是个很头疼的问题，而锡兰山一带是郑和航海西域各国的交通要道，如果不能妥善解决，势必要影响到将来通往西域的各国航路的畅通。因此，郑和第一次、第二次下西洋时，均从多方面对亚烈苦奈儿进行劝说、警告，试图以和平方式解决锡兰山问题，但都未能奏效。在第一次来锡兰山时，亚烈苦奈儿还想要加害郑和，只是因为被郑和及早觉察，才没能得逞。郑和第二次下西洋时，在锡兰举行了隆重的礼佛仪式，并且再次试图说服亚烈苦奈儿皈依佛教，善待人民，与邻国和睦相处，但亚烈苦奈儿的态度依然十分强硬。

郑和回国时，及时向明成祖朱棣禀报了这一情形。在明成祖的支持下，郑和旋即受命再次前往锡兰山做进一步的外交努力。永乐七年（公元1409年）三月，明成祖在给郑和下达第三次出使西洋诏书的同时，也颁发了一份"敕谕四方海外诸藩王及头目人等"的诏书，诏书中要求各国"不可欺寡，不可凌弱"，实际上就是针对暹罗、爪哇、锡兰这样的国家而言的。

郑和这一次来到锡兰之后，首先还是希望能通过和平的手段说服亚烈苦奈儿，但是亚烈苦奈儿不但不听劝告，反而更加蛮横，甚至试图谋害郑和使团。郑和察觉，避而他往，未予理睬。

等到郑和使团回程再经过锡兰时，大约已是永乐九年（公元1411年）年初了。国王亚烈苦奈儿向使团索要财物，未能满足欲望。为了夺取船队的财物和粮草，他暗中出兵5万，从不同的方向进攻宝船队。郑和立即下令撤退，但亚烈苦奈儿已在他们撤退的路途上放置了大量粗大的树干，阻塞了航路，他们被围困在港口内。当时的形势十分危险，如果正面交战的话，锡兰军在人数上占优势，船队胜算不大。郑和成长于靖难之役的战争中，熟悉兵法，他估计用兵法上"攻其不备"的战术必然奏效。于是郑和对将领们分析说："锡兰的大部队已经被派出来攻击我们的船队了，那么他们城内现在必定兵力空虚，而且他们想不到我们在这种情形下还有能力反击，所以我们如果出其不意乘机进攻王城，一定可以成功解围。"

郑和派出一部分官兵寻找到一条通往王城的小道，然后亲自带领3000名士兵秘密通过这条小道攻入了王城，俘虏了国王亚烈苦奈儿和他的家属以及一些头目。发现王城失陷，围攻宝船队的锡兰军队纷纷回救，联合其他留守军队，一起围攻王城。郑和带领部下在王城坚守了6天，第七天凌晨悄悄带着亚烈苦奈儿等人从王城中撤了出来。因为王城周围所有的道路都有锡兰军队把守，郑和一行人硬是从王城旁的丛林中砍出一条道路来，后来被锡兰军队发现，于是只能边战边退，艰难行进了20余里，终于在傍晚时分抵达宝船队。整个战事残酷而激烈，副使朱真、千户何义宗、百户沈友、试百户刘海、总旗孙贵、刘移住、小旗田永、郑忠、张山、胡光复、廖兴、士兵杨林、冀斌、许旺、刘和、郑足、刘春等人，皆奋勇杀敌，张原等人牺牲。

这一仗打得险象环生，而郑和指挥若定，士兵们勇猛无畏。曾随郑和参加此役的随从翻译费信，在《星槎胜览》中对锡兰山之役做了生动真实的记述："永乐七年，皇上命正使太监郑和等赍捧诏敕……赏赐国王头目。其王亚烈苦奈儿负固不恭，谋害舟师。我正使太监郑和等深机密策，暗设兵器，三令五申，使从衔枚疾走，夜半之际，信炮一声，奋勇杀人，生擒其王。"

费信的这段记载非常重要，从"谋害舟师"一句，说明锡兰山之役是属于自卫反击性质的正义战争；从"深机密谋""三令五申"之句，说明郑和军事指挥上不但富有智谋，而且十分谨慎；从"信炮一声"一句，说明郑和舟师在武器装备方面确实有热兵器——火炮，这是在有关郑和下西洋的第一手资料中，证明郑和舟师有"炮"的唯一记载。

郑和的船队虽然在这次的战事中取得了胜利，但他带领3000名孤军深入锡兰王城，也造成了惨重的伤亡。而且，锡兰国王亚烈苦奈儿以及在锡兰王城中被俘虏的其他人被带上了宝船，锡兰国内势必局势动荡，需要尽快向明成祖汇报锡兰的情况，并由明成祖册封一位贤明的新国王，以使锡兰尽快稳定下来。于是船队便押着亚烈苦奈儿，直接回国了。

永乐九年（公元1411年）六月十六日，郑和将大部分的战船和士兵留在太仓刘家港，仅率领宝船队745人回到了京城。

郑和回到京城，向明成祖献上了亚烈苦奈儿等俘虏。按照惯例，明成祖与大臣们商议俘虏处置的办法。大臣们都主张将亚烈苦奈儿处死，以此对其他蠢蠢欲动的国家示以警戒。但明成祖经过再三考虑，还是宽恕了亚烈苦奈儿，只将他和其他俘虏暂时拘禁在京城。同时下令礼部在亚烈苦奈儿的亲属中挑选下一任锡兰国王的人选。

礼部经过调查，选定了耶巴乃那为锡兰新国王人选。永乐十年

（公元1412年）七月十三日，明成祖派遣使者到锡兰，册封耶巴乃那为国王，并且允许亚烈苦奈儿跟随使臣回到锡兰。

锡兰问题终于顺利解决，这也意味着郑和的船队终于肃清了下西洋航路上最后一道顽固的障碍，他们的船队下一次将往西洋更深处进发。

锡兰之战，人数对比悬殊，但凭借郑和的足智多谋和船队官兵的英勇善战，最终明军以少胜多，使西洋各国再次见识了明朝强大的军事实力。虽然明成祖期望并一直强调以和平的手段确立各国对明朝的臣服，但短期内，这样的军事威吓显然更能壮大明朝在海外的声势。因此明成祖非常满意，对参战的有功将士大加封赏。

郑和回到京城时，明成祖举行了隆重的欢迎仪式，赏赐官兵钞5150锭。

随后明成祖又派遣宦官赵惟善和礼部郎中李志刚到太仓，赏赐驻守在那里的下西洋官兵每人钞10锭，这样一共花费了钞20万锭左右。

八月，礼部和兵部又发布了共同拟定的封赏条例。从这份条例中，我们可以发现，这次不仅财物的犒劳比俘虏陈祖义时多了近一倍，立功的将士还能根据立功的等级得到不同程度的升迁，立了奇功的能升两级，立了头功的可升一级，如果立功的将士已经牺牲，那么他的子孙可以世世代代继承职位。这次封赏，让下西洋的将士们很受鼓舞。他们意识到，虽然他们大多数时候都"坐"在战船上，但也同国内的征北军一样有建功立业的机会。对于船队的普通士兵来说，他们或许不能像船队中的官员那样从贸易中获利，但通过建立战功，一样也能得到皇帝的封赏。

十月，兵部再次论定锡兰之战功勋，锦衣卫指挥佥事李实、何义宗，都升为本卫指挥同知；正千户彭以胜、旗手卫正千户林全，都升为本卫指挥佥事。

第四次出使西洋

通过郑和前三次下西洋，中国帮助占城收回失地，调解暹罗争端，肃清海盗，维护了当地的和平和人民的安定生活，这足以说明明王朝在当时的国际争端中发挥了重要作用。那时中国国力强盛，明朝的势力能够越过重洋，在各种争端中发挥影响。当时的统治者又从这些事件里获得了巨大的成就感和荣耀感，更加坚定了继续遣使下西洋的决心。

在郑和第四次下西洋时，明朝政府已经在东南亚和南亚诸国树立了威望。在海路和陆路方面，经过郑和三次出使，从南洋群岛到南印度一带已经完全贯通。明成祖因此有了更加庞大的计划，在他的支持下，郑和进一步访问南亚以西的远方国家。他率领庞大的船队渡过印度洋，驶向波斯湾，穿过红海，沿东非之滨南下，最远到达赤道以南的东非沿岸诸国。

明永乐九年（公元1411年）六月郑和第三次下西洋回国后，没有像以前出使那样，回国不久就又奉命再下西洋。而是在国内休整了两年，直到永乐十一年（公元1413年）冬天才再次扬帆出航。

这年十一月，明成祖朱棣下达了第四次下西洋的命令："永乐十年十一月丙申，遣监郑和等赍敕往赐满剌加、爪哇、占城、苏门答腊、柯枝、古里、南渤里、彭亨、急兰丹、加异勒、忽鲁谟斯、比剌、溜山、孙剌诸国王锦绮纱罗彩绢等物有差。"

郑和第四次下西洋，动用宝船63艘，加上其他类型的海船，组建了由100余艘巨舶组成的庞大舰队。参加这次航行的人有官校、旗军、勇士、通事、民稍、买办、书手通计27 670名。若按《瀛涯胜览》所举官、军、指挥等的具体数字，累加起来，参加这次出使人员总计28 568人，是目前所知七下西洋调动人员最多的一次。

第四次下西洋之前，郑和得到明成祖特许，在永乐九年（公元

1411年）十一月回了一趟老家云南。

衣锦还乡，光宗耀祖，那是多少游子的梦想啊！郑和现在的确可以算是衣锦还乡了，但他并没有太多的兴奋，毕竟当年的那场战争，给他带来的伤痛太多：少年时被迫接受宫刑，父亲早亡却多年不知，得知后又不能立即回乡拜祭。这次回来，郑和就是专门去拜祭他的父亲——那个年仅39岁、去世却已经整整30年的马哈只。

在少年时玩耍过的乡野间，他看到了那座坟冢，切身体会到了什么叫物是人非。但他并没有太多的时间为自己和父亲的命运伤感，他需要赶快回到京城，需要去做第四次下西洋的那些好像永远也做不完的准备工作。

这次回乡，他没有留下过多的痕迹，只是命人在父亲墓碑阴面的右上角刻了一行小字，记下他于永乐九年十一月二十二日到闰十二月之间为父亲祭扫这件事。

第四次出航计划的终点站是忽鲁谟斯，可能的话还要去天方国，航行时间更长，航路更复杂，需要做的准备工作更多。而此前的3次远航，时间长达6年，宝船队的船只已经有了很大的磨损，因而维修和改造船只，成为第四次远航筹备工作的重点。

明成祖对此极为重视。永乐十年（公元1412年）九月，他下令浙江、湖广、江西及镇江等地建造海运船130艘；十一月，又下令扬州等地建造海船61艘；永乐十一年（1413）十月，他再次下令江西、湖广、浙江及镇江等地改造海船共63艘。这些新造或改造的船只中，大部分被用于第四次下西洋。郑和回到京城后，首先就是要督掌下西洋船只的修造工作。

永乐十年十一月，明成祖正式下令郑和率领船队出访，他列出的访问国名单中，天方国赫然在列。

天方国远在西亚，是伊斯兰教的圣地，郑和的祖父和父亲都曾前往那里朝圣过，他们或许给幼小的郑和讲过那些旅途趣事，但已经40多岁的郑和显然对这些往事没有什么印象了。然而，作为一名出色的使者，他明白在出使他国时，如果想要博得对方国家的好感，就必须融入对方的文化。郑和想，既然天方国是神圣的伊斯兰教圣地，那么最好找一个通晓阿拉伯语的信徒随行，这一定会对促进两国关系起到积极作用。永乐十一年（公元1413年）四月，他终于在西安物色到了一个理想的人选——哈三。

哈三是西安羊市大清真寺的掌教，掌教就是清真寺中所有宗教事务的掌管人。元朝时，清真寺的掌教一般都是外来的传教士，到明朝，才渐渐改由接受外来传教士教导的本地信徒担任。因而，哈三即便不是外来传教士，也应该是外来传教士的第一代弟子，他对伊斯兰教的教义以及阿拉伯语相当熟悉。郑和让他做了宝船队的通事，也就是翻译人员。为了表示对他的感谢，郑和还出资重修了这座清真寺。

在船队中担任通事的还有马欢和郭崇礼。马欢，字宗道，又字汝钦，因为是浙江会稽（今浙江绍兴）人，所以自号会稽山樵。马欢也是回族人，信奉伊斯兰教，精通阿拉伯语，从这次参加郑和下西洋开始，他前后三次下西洋，并与郭崇礼合著了一本记录下西洋见闻的书，叫《瀛涯胜览》，这本书与《星槎胜览》一样，是研究郑和下西洋历史的基本资料。

在下西洋之前，郑和还有一件很重要的事情必须完成，那就是在获得明成祖批准后，修建海神天妃的福建长乐南山行宫。

据传说，天妃本姓林，是宋代都巡检林愿的第六个女儿，她出生时大地变紫，天有祥光，而且伴随着阵阵香气，很不一般。因为她父亲的职责是负责沿海地区的防务，所以她常常有机会到各个海岛游玩。宋雍熙四年（公元987年）二月十九日，她升天成仙。后来每当海上劳作的人们遇到险情时，总能看到她穿着红色的衣服在天上飞翔，险情就解除了。久而久之，她就成了沿海地区人们出海船只的守护神，成为道教的海神天妃。

相传郑和第一次下西洋时，在前往暹罗的途中遭到暴风雨，船队在即将支撑不住的时候，天妃显灵庇护，使船队逃过一劫。回到京城后，郑和奏请明成祖在京城宝船厂附近建了一座天妃庙。后来船队下西洋的时候，又多次在暴风雨中化险为夷。郑和认为，这除了穆罕默德和佛祖的保佑，必定也是仰仗了天妃的帮助，因而更加坚定地要在各地供奉天妃。因为要以南京的天妃宫为尊，所以这次将要在福建长乐修建的就称为天妃的南山行宫。

从现代科学来分析，古人们所看到的天妃幻象，很可能和海市蜃楼一样，是由光线的折射和反射造成的。但在古代社会，人们缺乏预测和抵御海上暴风雨的可靠的方法，而对天妃的信仰，恰恰能起到安定人心的作用，信仰天妃，成为郑和完成使命的心灵支柱。

平定苏门答腊战乱

经过长达两年半的筹备和休整之后，永乐十一年（公元1413年）冬天，郑和率领宝船队终于再次从福建长乐太平港起航了。一路上，他们先后到达了占城、暹罗、旧港、爪哇、满剌加，并按惯例在这些国家宣读明成祖的诏书、颁发赏赐并进行贸易等活动。

从满剌加出发四天后，船队到达了哑鲁国（今印度尼西亚苏门答腊岛东岸巴鲁蒙河河口）。这个小国位于满剌加与苏门答腊之间，居民都是回族人。这个小国特产很少，所以郑和只是例行赏赐。

从哑鲁国往西，只用一两天的时间，船队就到达了苏门答腊。

苏门答腊是东西洋海上交通的要道，是郑和分艅船队作扇形远航的始发基地之一。苏门答腊三面环山，仅北面朝着大海，早晚温差很大，特别是每年的五月到七月，瘴气弥漫，外来人很容易吸入瘴气而感染疟疾等传染病后死亡。

苏门答腊人靠种植水稻和一些常见的热带蔬果维持生计，马欢似乎对其中的臭果"赌尔焉"情有独钟。他在《瀛涯胜览》中这样介绍：这种水果长得像中国的水鸡头（芡实），但有七八寸长，皮上有尖刺，熟了就会裂开，闻起来像臭牛肉一般，但里面的白色果肉却很甜美。果肉中的籽也可以炒了吃，味道和栗子相仿。"赌尔焉"，其实就是现在人们熟悉的榴莲，它原产于马来半岛，现在中国海南、广东也有种植，不知是否是由郑和的船队从海外带回来的。

苏门答腊只有胡椒可以用来进行贸易，与出产黄金的吕宋、出产象牙和犀牛角的真腊、出产珍珠和宝石的锡兰相比，这里物产并不丰富。但是，对郑和的宝船队来说，苏门答腊与满剌加一样重要，因为它地处南海和印度洋的交界地带，是宝船队西行的中转点。

因为苏门答腊所处位置重要，明成祖朱棣很注意与苏门答腊建立良好的关系，多次派遣使者前往访问，使两国间的友好关系逐步得到加强。但是，在永乐五年（公元1407年）以后，苏门答腊的情况变得复杂起来，导致郑和在第四次出使时发生擒获苏门答腊"伪王"苏干剌的事件。

对于这次战役的爆发，据《明实录》中的记载，苏干剌阴谋篡夺王位，且怒郑和只对苏门答腊国王锁丹罕难阿必镇赏赐，而"赐不及己"，于是领兵数万来攻打郑和下西洋官军，从而挑起了这场战争。若仅据《明实录》提供的事实，郑和起初并没有与苏干剌作战的打算，只是迫于自卫，才"率众及其国兵与战"。这样，郑和第四次下西洋时发生的苏门答腊之战，仅属正常防卫性质的战争。而通过有关史料的分析，我们已能做出判断，苏门答腊海战有其特殊的背景。

当时，在苏门答腊的西邻有一个小国，叫作那孤儿，其国王脸上刺有花纹，所以又叫花面王。永乐五年（公元1407年），那孤儿花面王发兵侵略苏门答腊，苏门答腊国王宰奴里阿必丁率军迎战，战斗中中了毒箭，没多久就赴了黄泉。当时苏门答腊王子年纪很小，不能为父报仇,王后却气愤不过,下令说:"谁能替我夫君报仇,保卫我的疆土,我就嫁给他,和他一起主宰这个国家。"有个渔夫站出来说:"我能打败那孤儿王。"渔夫后来真的杀了那孤儿王,敌兵也随之退走。王后就嫁给渔夫,称其为老国王,国家政事也交给他管理。永乐七年(公元1409年),老国王派使者入贡中国,明成祖朱棣赐其使钞币、金织袭衣等,以示嘉奖。

3年后,前国王宰奴里阿必丁的幼子锁丹罕难阿必镇长大了,他不愿意接受渔夫国王的统治,况且这个渔夫国王有自己的嫡子苏干剌,他肯定会将王位传给嫡子,而不是自己这个前国王的儿子,所以他秘密地谋害了渔夫国王,并取而代之,登上了王位。

老国王虽然被杀,但他的势力并没有完全消灭,他的儿子苏干剌带着全家逃到山里,当了山大王,并时不时率军队滋扰新国王,扬言要为老国王复仇。已当上苏门答腊国王的锁丹罕难阿必镇为了确保王位,剪除苏干剌这一心腹之患,在自己新即位之时,急欲得到明朝政府的承认,于永乐十年(公元1412年)九月派遣使者到中国,一方面向明朝政府报告已即苏门答腊王位的消息,请求明朝政府正式封王,赐给诰印;另一方面,也请求明朝政府帮助平息苏干剌的叛乱。

郑和率船队来到苏门答腊后,与副使王景弘一起去拜访锁丹罕难阿必镇。新国王对郑和的来访异常欢迎,再次向郑和提出帮助平息苏干剌的叛乱。郑和在进一步了解了苏干剌的军事实力后,认为这一场战事非同小可,根据第三次下西洋时遇到的锡兰山之劫的经验,郑和不能不考虑现在立即着手解决苏干剌问题带来的后果。郑和最担心的是现在正在出访途中,计划中的航程还没有走完一半,还没有进入"西洋",如现在就出手帮助平息苏干剌的叛乱,一旦卷进去,在时间和实力上消耗过多,势必影响这次整个出访计划的完成。于是,郑和决定在船队返回时再解决苏干剌的问题。他在与锁丹罕难阿必镇商谈时，一方面告知明成祖朱棣已有扶持新国王的旨意，一方面坦诚地对他讲明了有关的情况，承诺在返回时一定帮助平息苏干剌的叛乱。

郑和并未食言，在他结束远航非洲返回之际，率舟师回到苏门答腊，出兵擒拿了苏干剌。当郑和舟师回到苏门答腊时，苏干剌不由得寝食不安，密切注视着郑和舟师的动向。当他探听到郑和舟师已在王城附近布防时，更感到郑和舟师是自己夺取王位的一大障碍，加上怨恨郑和"赐不及己"，于是就采取先发制人的战略，出动全部兵力来攻了。

这次苏门答腊战役是郑和下西洋中战斗规模最大的一次战役。在锡兰山之战时，虽然锡兰山方面出动了5万兵力，也是一场大战、恶战，但郑和的目的并不是要全歼这5万之众，所以采取了避实就虚、擒贼先擒王的战术，达到预期目的后，就撤出战斗，来一个"三十六计，走为上计"。所以，锡兰山战役虽然险恶，但"大战"持续的时间并不长，双方都没有拼到底，战事前后也就进行了七八天。而苏门答腊战役就不一样了，这是与苏门答腊国的军队联合作战，并且是与对方正面交锋，一战到底。

关于这次战役的具体经过，在现存史料中缺乏记载，只知道苏干剌在苏门答腊本土被打败后，逃到南渤里国，郑和舟师与苏门答腊国军队一起，对苏干剌军穷追猛打，"追至南渤里国，并其妻子俘以归"。

这次战役的胜利，又一次显示出郑和杰出的军事和政治、外交能力。郑和官兵与苏门答腊国军队合起来有数万之众，两军对垒，是一场大战，郑和必须具有善于指挥大兵团作战的能力。另一方面，郑和指挥的是一支有苏门答腊国军队参加的大兵团，他必须要运用政治、外交的才干，才能让锁丹罕难阿必镇放心地将军队交给他指挥。

郑和舟师和锁丹罕难阿必镇所部联军活捉了苏干刺，意味着苏干刺对锁丹罕难阿必镇王位的威胁宣告结束，新王的地位得以稳固，为此他很是感激，时常进贡。生擒苏干刺是郑和下西洋时期的第三次军事行动，也是最后一次在海外用兵。

阿拉伯半岛

第一次离开苏门答腊之后，按照事先预定的方案，郑和与王景弘一起，共同率领大腙船队去非洲访问，由各位副使分别率分腙访问忽鲁谟斯、祖法儿、阿丹等阿拉伯国家。

忽鲁谟斯即今伊朗。忽鲁谟斯地处波斯湾与阿曼湾交汇处，各国商贾云集，国民皆富。据巩珍《西洋番国志》记载："其处气候有寒暑，春则开花，秋则落叶，有霜无雪，雨少露多。""土瘠谷麦寡，然他方转输者多，故价殊贱。民富俗厚……人多白皙丰伟，妇女出则以纱蔽面，市列廛肆，百物具备。"

忽鲁谟斯从国王到普通老百姓皆信仰伊斯兰教，尊谨诚信，每日要做5次礼拜，沐浴斋戒。

忽鲁谟斯是一个位于阿曼湾与波斯湾之间的岛国，是进入波斯湾的第一个重要港口，阿伯拉人又是当时全世界出名的精明能干的商人，所以这里商船云集，十分繁华。

作为东西方之间进行商业往来的重要都会，不仅非洲的米息儿（今埃及）、阿拉伯半岛的祖法儿（今佐法尔）、阿丹（今亚丁）、印度半岛的古里、柯枝以及再往东的一些国家从海上来忽鲁谟斯进行贸易，就是中东以至欧洲地中海沿岸的一些国家，也从陆路来此做买卖。因此，在这里，宝石、金刚石、珍珠、琥珀、珊瑚、玉器以及各种毛织品，五光十色，应有尽有，丰富多彩。

忽鲁谟斯的气候有寒暑之分，春开花，秋落叶，但这里有霜无雪，少雨多露。谷物出产虽然不多，瓜果却十分丰盛。核桃、把聃、松子、石榴、桃干、花红、万年枣、西瓜、菜瓜、甜瓜等种类颇多，各具风味。其甜瓜特大，长有二尺；葡萄干无核，大如莲子；把聃果像核桃，比核桃更好吃……忽鲁谟斯沿海产盐，内地产白土、黄土、红土，均可出售。

明成祖大概对忽鲁谟斯也有所耳闻，所以在郑和第三次下西洋时，曾要郑和前往拜访。这次下西洋，忽鲁谟斯仍旧是船队的主要目的地之一。

大约是在永乐十二年（公元1414年）年底或十三年（公元1415年）年初，分综船队到达了忽鲁谟斯。使团上岸之后，发现这里确实同传说中一样繁华，商旅云集，贸易发达。

这里的国民都信奉伊斯兰教，他们皮肤白皙、体格健壮，而且衣着整洁。因为善于经商，所以这里的人大都很富裕。偶尔有人因为变故陷入贫困，大家也会对他进行救助，并为他提供做生意的本钱。

因为岛上种植的稻谷和麦不多，居民食用的米、面一般都从集市上购买，人口少的家庭习惯直接买熟食食用，所以，这里的集市上，卖烧鸡、烧羊、薄饼的商家随处可见。市面上人气很旺，还有各种各样的杂耍表演。其中有一只黑猴，蒙上它的眼睛，随便找个人敲一下它的头，它睁开眼睛后，能在人群中准确地找出那个人来，这其中大概有些玄机，给通事马欢留下了深刻的印象。

此前，忽鲁谟斯同明朝从来没有外交上的正式往来。使团来到忽鲁谟斯后，首先对该国的国王、妃子和大臣进行了赏赐，以表示明成祖希望与忽鲁谟斯建立友好关系的愿望。忽鲁谟斯国王也差遣使臣，驾驶船舶，载着狮子、"麒麟"（长颈鹿）、珍珠和宝石，备好金叶表文，随郑和船队来中国朝贡。

作为一个商业要会，这里的商品有来自南亚和非洲各地的宝物，如祖母绿、猫眼、钻石、珊瑚、琥珀、水晶，还有龙眼大小的珍珠，各种各样的羊绒毛毯，使人眼花缭乱。

当使团在忽鲁谟斯进行贸易的同时，另外一支分艅船队南行，前往阿拉伯半岛的其他国家。

前往阿拉伯半岛的另一支分艅船队，在副使太监的率领下来到了祖法儿国。祖法儿今属阿曼苏丹国。马欢《瀛涯胜览》记载："自古里国开船投西北，好风行十昼夜可到，其国边海倚山，无城郭。东南大海，西北重山。国王国人皆回回教门，人体长大，貌丰伟，语言朴实。"费信在《星槎胜览》祖法儿国条中记载："临海聚居，石城石屋，垒起高三五层者，若塔其上。"可见这是一个颇有特色的国度。

祖法儿国气候常热，一年之中，气温常像中国八九月份的样子。其国物产丰富，据巩珍《西洋番国志》记载，土产乳香，其香乃树脂也，树似榆而叶尖长，斫树取香而卖。土地肥沃，适于各种农作物生长，米麦豆粟稷麻谷及各种蔬菜都有种植，盛产瓜茄，尤多芥瓜。山中有驼鸡，身形如鹤，脚高3尺，行走如骆驼，土人捕获来卖。在西亚诸国中，祖法儿以盛产乳香等香料而闻名。在郑和船队医务人员的指导下，郑和使团这次来祖法儿国访问，用瓷器、丝绸来交易乳香、安息香、苏合油、血竭、芦荟、没药、沉香、龙涎香等香料和药材，收获颇丰。

之后，这支船队又来到了剌撒和阿丹（如今两地均属也门共和国）。《星槎胜览》中记载剌撒"倚海而居，土石为城，连山旷地，草木不生。牛羊驼马皆食鱼干。民俗颇淳，气候常热，田瘠少收，惟麦多有，数年无雨，凿井绞车，羊皮袋水，田女拳发，穿长衫，妇女妆点兜头，与忽鲁谟斯同。……地产龙涎香、乳香，千里骆驼，余无物也。货用金银、色缎、色绢、瓷器、米谷、胡椒之属。"《星槎胜览》作者费信，还在这一条记载后附诗一首："海丘名剌撒，绝雨亦无寒。层石垒高屋，狂涛激远滩。金银营土产，驼马食鱼干。

虽有龙涎货，蛮乡不可看。"明永乐十四年（公元1416年），其国遣使来访，明成祖"命郑和报之"，由此看来，郑和于次年第五次下西洋，任务之一即为对该国的回应性访问。

"阿丹在古里之西，顺风二十二昼夜可至""地膏腴，饶粟麦。人性强悍，有马步锐卒七八千人，邻邦畏之，王及国人悉奉回回教"。《瀛涯胜览》这样描述阿丹国。阿丹即今也门共和国首都亚丁，是一个天然良港，也是世界各地船舶东西往来必经之地。

阿丹因其在国际贸易中的重要地位，是郑和船队往古里以西远航必访的西亚国家。这次郑和船队分综来访，本着与阿丹建立持久的友好合作关系的愿望，也对这个素有所闻的国家做了一番全面的了解。此后，在永乐十五年（公元1417年）及宣德五年（公元1430年），郑和第五次、第七次奉使剌撒时，都曾访问了阿丹。"其王甚尊重中国，闻和船至，躬率部领来迎。入国宣诏讫，遍谕其下，尽出珍宝互易。"

在阿丹国采风问俗、参观访问的同时，郑和使团成员又进行了贸易活动。阿丹国的商业相当发达，各类店铺林立，各色货物应有尽有，叫卖声相闻，呈现一派繁荣景象。郑和使团在此用纻丝色缎和青花瓷器等与当地商人交易，同时购进香料和一些比较罕见的珊瑚树和宝石等。

郑和船队这支分综结束在阿丹国的访问后，下一步是去天方国访问。郑和在第四次下西洋出航前，就有去天方国的打算。在西安羊市大清真寺嘉靖二年（公元1523年）《重修清净寺记》中记载："永乐十一年（公元1413年）四月，太监郑和奉敕差往西域天方国，道出陕西，求所以通译国语，可佐信使者，乃得本寺掌教哈三焉。"为了到天方国访问，郑和特地到西安去访求"可佐信使者"，可见郑和对这次天方之行是十分重视的。

分综船队从阿丹港口起航，往西北穿越红海，即到天方国港口秩达。《瀛涯胜览》载："天方，古筼冲地，一名天堂，又曰默伽。水道自忽鲁谟斯四十日始至，自古里西南行，三月始至。"天方今属沙特阿拉伯，其地"于西域为大国，四时常似夏，无雨雹霜雪，唯露最浓，草木皆资之长养。土沃，饶粟、麦、黑黍。人皆颀硕。男子削发，以布缠之，妇女则编发盖头，不露其面"。

至此，郑和使团已访问了阿拉伯半岛各主要国家。

到达非洲

在郑和与王景弘等船队领导成员的部署下，一支支分腙先期按计划自古里扬帆出发，分别驶向忽鲁谟斯、祖法儿、阿丹、天方等国。在这次出使中，郑和要完成比前三次出洋多得多的使命，其中以完成对非洲沿岸国家的访问为当务之急。要做到这一点，就不能沿印度洋海岸西行，必须另辟蹊径，开辟横渡印度洋直达非洲的新航路。

郑和在与王景弘经过了周密的调查研究之后，决定采取从小葛兰到东非沿岸的木骨都束的方案。于是，在送走分赴西亚各国的分腙后，郑和率领船队从古里来到小葛兰国。

在小葛兰国，郑和为船队横渡印度洋做了最后的准备。船员们对船舶进行了维修，又给船队补充了一些副食和淡水。趁着印度洋上的东北季风正盛之际，郑和船队从小葛兰扬帆起航，开始了横渡印度洋的壮举。

船队首先到达的国家是溜山国，即今马尔代夫。溜山国位于锡兰山西南650海里的海域里，由露出水面及部分露出水面的大大小小近2000个珊瑚岛组成，是印度洋上的"千岛之国"。这里是郑和船队横渡印度洋的必经之地。

郑和使团成员马欢、费信、巩珍等对溜山国作了如下的记述：溜山国，番名牒斡，无城郭，倚山聚居，四围皆海，如洲渚一般。地方不广，海中天生石门一座，如城阙样，有八处比较大的岛礁，称八大处，或曰八大溜。巩珍《西洋番国志》中说："其余小溜，尚有三千余处，水皆缓散无力，舟至彼处而沉，故行船谨避，不敢近此经过。古传弱水三千，即此处也。……行船者或遇风水不顺，舟师针舵有失，一落其溜，遂不能出。"巩珍此处提到的"弱水"，即指海流突然变换流向所形成的巨大的漩涡，会将航经此处的舟船卷入海里。"弱水"在明朝的记载中也称"软水"，在明万历刻本罗懋登《三宝太监西洋记通俗演义》中，就有一幅郑和端坐在船上的插图，图框有一行文字曰"软水洋换将硬水"，此"软水洋"就是指溜山国之危险海域而言。

结束对溜山国的访问后，郑和船队从官屿出发，径向着非洲东岸驶去。起初的航程很顺利，船队犁海而行，随着时间的流逝，那神秘的非洲一天天靠近了。不料在整个航程走了将近一半时，船队遇上了暴风。面对暴风雨的肆虐，郑和临危不惧，镇静地指挥各船掌稳船舵，迎着巨浪，利用船体坚固、高大宽广的优势，劈波斩浪而行。在晃荡得厉害的船舱中，众人已点燃妈祖像前的香烛，默默地祈求天妃娘娘显灵搭救。对天妃的虔诚信仰，鼓舞了大家战胜风暴的斗志，经过众人奋战，加上宝船庞大坚固、性能优良，船队总算抵御住了这次突如其来的暴风的袭击，安然无恙地渡过了危险。

经受了暴风雨的洗礼，郑和船队在经过前后近20个昼夜的航行后，终于完成了横渡印度洋的壮举，来到非洲东岸的木骨都束国。

木骨都束国属今索马里共和国。据《星槎胜览》记载，木骨都束"自小葛兰顺风二十昼夜可至，其国濒海，堆石为城，垒石为屋，四五层，……男子鬈发四垂，腰围梢布，女人发盘于脑，黄漆光顶，两耳挂络索数枚，项戴银圈，璎珞垂胸，出则单布兜遮，青纱蔽面"。

木骨都束是郑和使团访问非洲的第一站，郑和刚刚踏上非洲这块神秘而陌生的土地，就在当地引起了轰动。因为在非洲的历史上，从未有过如此之多的中国人来访，也从未见过如此巨大的船舰和如此庞大的船队。木骨都束国王闻听郑和船队来访的消息,欣喜异常,立即派大臣将郑和一行迎入王宫,给予最高的礼遇。

郑和访问非洲,除了要使明朝的声威远播,还有其经济上的目的。实际上,以郑和船队先进的航海技术,完全可以驶过好望角,与欧洲人建立航海贸易关系。但在当时的中国人看来,欧洲还相当落后,人们对欧洲的毛织品、酒类等物产也不感兴趣,反倒对非洲的龙涎香等香料、象牙和野生动物更感兴趣。所以,郑和船队这次在木骨都束开展贸易,在货物的品种、数量,贸易的规模,以及同当地商人、居民交往接触的程度上,都是史无前例的。《三宝太监西洋记通俗演义》中写道:软木洋换将硬水,三宝设坛祭海渎。在访问了木骨都束国之后,郑和又依次访问了卜剌哇(今索马里东南岸布拉瓦)、竹步(今索马里南部朱巴河口的准博)、麻林(今肯尼亚东岸的马林迪)等国。

据《明史》卷三二六记载,卜剌哇国"与木骨都束接壤。自锡兰山别罗里南行,二十一昼夜可至"。"其国,傍海而居……少草木,亦垒石为屋。有盐池,但投树枝于中,已而取起,盐即凝其上。俗淳,田不可耕,蒜葱之外无他种,专捕鱼为食。所产有马哈兽,状如獐;花福禄,状如驴(斑马);及犀、象、骆驼、没药、乳香、龙涎香之类"。竹步国"所产有狮子、金钱豹、驼蹄鸡、龙涎香、乳香、金珀、胡椒之属"。

郑和船队携带大量的金银、丝绸、锦缎、瓷器、漆器等,与非洲这些沿岸国家开展了广泛的贸易活动,换取了大量的龙涎香、乳香、象牙等当地特产,以及一些像"麒麟"(长颈鹿)、斑马、狮子、犀牛、金钱豹、驼蹄鸡之类的奇珍异兽,并同当地人民建立了友好的联系。

在今天的布拉瓦郊区还有一个很大的村庄,叫作"中国村",又名"郑和屯"。据说当年郑和使团曾来过这里,这个村子的名字就是为了纪念郑和的来访。这些非洲国家，正是由于郑和第四次下西洋，开辟了新的航线，勘察清楚了海道，从而首次派遣使节来到中国，与明王朝建立了友好的外交和贸易关系。所以，郑和第四次下西洋有着非同一般的意义，它为中国和东非沿岸各国开启了互相认识的大门。

神秘的贡物"麒麟"

永乐十三年（公元1415年），麻林国使者随船来到中国。他给中国的贡物中有一样东西引起了朝野上下的轰动，那就是"麒麟"。其实此"麒麟"非彼麒麟，而是长颈鹿。

"麒麟"在非洲只是寻常动物，但在中国却非常罕见。而且中国自古以来就把麒麟当作吉祥的象征，视为瑞兽，赋予了神秘色彩。所以当麻林国来使献上"麒麟"的时候，整个朝廷都轰动了。

麻林在今肯尼亚东南的马林迪。位于肯尼亚加拉纳河入海处，面对浩瀚的印度洋，是肯尼亚的旅游胜地。据《明史》卷三二六记载，"麻林，去中国绝远，永乐十三年遣使贡麒麟"。

从郑和第四次下西洋开始，每次出使，都要远至阿拉伯及东非遥远之国，以当时对世界地理的认识水平，郑和沿东非海岸南下访问的一系列国家，似乎囊括了极远的海外国家。这些远方国家纷纷随郑和船队来中国朝贡，便被看做是体现了"际天极地"的国度都心仪于中国。因此，永乐十三年（公元1415年），当人们认为"去中国极远"的麻林国遣使来中国贡"麒麟"时，引起了极大轰动，这在当时被认定是明初对外方针已初步实现的重大事件。

正因如此，麻林国来献"麒麟"，受到了明成祖的热烈欢迎。文献记载："麻林与诸番使者以麒麟及天马、神鹿诸物进，帝御奉天门受之，百僚稽首称贺。"明成祖还亲自到奉天门去迎接，这样的接待规格也够高了。

事实上，从郑和下西洋的记载来看，每次郑和都会带回大量的奇货珍宝及珍禽异兽，如珍珠、珊瑚、玛瑙、宝石、香料、麒麟、犀角、象牙、狮子、孔雀、鸵鸟等。一开始明成祖对这些宝物十分感兴趣，但后来见得多了，也就厌烦了。

明茅瑞徵《皇明象胥录》卷七《麻林传》中就有这样一段话："永

乐十三年，献麒麟，礼部尚书吕震请至日率群臣上表贺，上不许，曰：往翰林院修五经四书、性理大全成，欲上表进贺，朕则许焉。麒麟有何损益？其罢贺，厚赐遣之。"

第七次出使西洋

永乐十四年十二月十日（公元 1416 年 12 月 28 日），明成祖派郑和护送前来朝贡的"十九国"的大使回到自己的国家，这就是郑和的第五次下西洋。此次出使，郑和的船队到达占城、爪哇、彭亨、旧港、满剌加、苏门答腊、南巫里、锡兰、沙里湾尼（今印度半岛南端东海岸）、柯枝和古里等地。永乐十七年（公元 1419 年）七月十七日，郑和的船队回到了祖国。

永乐十九年正月三十日（公元 1421 年 3 月 3 日），明成祖派遣郑和完成第六次航行的主要目的是护送来明朝拜访的"十六国"的使臣回到自己的国家。为了赶上有利于航行的东北季风，郑和很快就出发了。郑和的这次航行到达的国家及地区有占城、暹罗、忽鲁谟斯、阿丹、祖法儿、剌撒、不剌哇、木骨都束、竹步（今索马里朱巴河）、麻林、古里、柯枝、加异勒、锡兰山、溜山、南巫里、苏门答腊、阿鲁、满剌加、甘巴里、幔八萨（今肯尼亚的蒙巴萨）等。在完成了本次航海任务之后，郑和率领船队在永乐二十年八月十八日（公元 1422 年 9 月 3 日）回到了祖国。这次跟随郑和来访问的有暹罗、苏门答腊和阿丹等国家的使臣。

这两次出使西洋的主要任务就是护送朝贡的使者回国，不做详谈。郑和一连六次下西洋的大规模航海活动，使明朝政府通过朝贡贸易获利甚厚。但是，由于输入的货物激增，造成大批积压，加上航海费用开支庞大，引起多方的非议。明成祖死后，"下西洋"活动暂时中止，直到宣德五年（公元 1430 年），因"诸番国远者犹

未朝贡,于是和、景弘复奉命历忽鲁谟斯等十七国还"。(《明史·郑和传》)

第七次出使西洋,是郑和最后一次出征,一代伟大的航海家就在这第七次出使途中与世长辞。

洪熙元年(公元1425年)二月,郑和从旧港回到了南京。这时,在户部尚书夏原吉的倡议下,明仁宗已经宣布将下西洋的宝船封停在太仓刘家港。正在修造海船的各地船厂也已经停工,船队的官员被勒令回到北京,征调的官兵回到原部队,招募的船工被遣送回原籍。

郑和始终是明成祖十分器重的太监,而且六下西洋功劳卓著,所以郑和回国后,被明仁宗任命为南京守备,军队内部事务由他与王景弘等太监协商处理,外部事务则与襄城伯李隆、驸马都尉沐昕商议。从此,郑和开始了他长达5年的南京守备生涯。

明仁宗朱高炽在即位之前一直生活在南京,他的父亲不怎么喜欢这个儿子,他对父亲新建的北京城也没有什么好感,所以他开始一步步地实施迁回都城的计划:洪熙元年(公元1425年)三月,他命令北京各个部门都改称"行在",这是当时北京各部门名称前必须加的两个字,表示这并不是真正的中央机构;四月份,朱高炽命令太监王景弘翻修南京的宫殿,他已经准备在明年春天搬回南京居住了。但他没能等到那一天,这一年五月,朱高炽病死在北京。

六月份,朱高炽的儿子朱瞻基即位,改年号为宣德,是为明宣宗。与他的父亲不同,明宣宗朱瞻基长得英俊威武,而且从小就异常聪慧,很得明成祖的欢心,永乐九年(公元1411年)时就被立为皇太孙。他很景仰他的祖父,即位之后,也想仿效明成祖营造万国来朝的盛况,但户部尚书夏原吉坚决不主张继续下西洋。夏原吉是成祖、仁宗两朝的户部尚书,政绩卓著,而且他对明仁宗的顺利继位起着至关重要的作用,所以他的地位远远高于一般大臣,明宣宗对他也敬畏三分。夏原吉一直认为下西洋劳民伤财，对国家发展不利，因而下西洋的计划被再次搁置。

明宣宗此前也一直在南京生活，他也想将都城迁回南京。洪熙元年（公元1425年）闰七月，湖广行省岳州府华容县的儒士尹松向明宣宗建议迁都南京，认为南京水陆交通便利，无论是朝廷到各地采购物资，还是各地向朝廷输送税粮，南京都比北京方便，能为国家节省大量的人力物力。既然得到了百姓的支持，明宣宗迁都的意向就更加强烈了。他一边命令礼部的大臣讨论迁都是否可行，一边却已经命令郑和开始修缮南京的宫殿了。所以，从洪熙元年（公元1425年）八月到宣德元年（公元1426年）十一月，郑和在南京的主要任务，就是修缮南京的宫殿。

这个时候的郑和虽然已经不再年轻，但是他的内心还有一丝不熄的光芒，似乎在等待着什么的到来。

机会还是来了。

宣德五年（公元1430年）正月，一直坚决反对继续下西洋的户部尚书夏原吉去世。六月，明宣宗因为西洋各国常常疏于纳贡而感到很不高兴，于是又起了派船队出海的念头。郑和再度领命，出使西洋十七国。

此时的郑和已经60岁了，如此高龄本应解甲归田，然而上命难违，更何况郑和心中对于航海也有未了之情，所以他仍然踏上了艰苦的旅程。这次出使，皇帝拟订了详细的出使计划。第七次航海的规模比之前小很多，毕竟国家的财力和皇帝的魄力都比不得从前了。

第七次下西洋，有正使太监郑和、王景弘二人，副使太监李兴、朱良、周满、洪宝、杨真、张达、吴忠7人，都指挥朱真、王衡二人，翻译马欢、郭崇礼，还有费信、巩珍等。这支船队拥有"清和"号、"惠康"号、"长宁"号、"安济"号、"清远"号等大型宝船61

艘，共 27 550 人。

几乎和每个过了天命之年的人一样，郑和越来越相信人的命运是被天上的神明所左右的，而以往下西洋的经历，也使他对海神天妃越加敬畏起来。但在过去的五年中，下西洋活动的中止，使各地的天妃庙也渐渐荒圮。郑和这次从南京前往太仓刘家港、福建长乐太平港，一路上对多处的天妃庙进行了修缮，以此祈求天妃保佑船队的安全。

宣德五年（公元1430年）闰十二月初六，郑和从南京龙江关出发，二十一日到达太仓刘家港，在那里停留了一个月，目的就是修缮刘家港天妃行宫。

宣德六年（公元1431年）春，修缮竣工。郑和在天妃宫中立了一块石碑——《娄东刘家港天妃宫石刻通番事迹碑》。这块石碑被后人完好地保存了下来，碑文别具深意，先说明立碑的时间和立碑的官员：宣德六年（公元1431年）元旦，正使太监郑和、王景弘，副使太监朱良、周满、洪保、杨真，左少监张达等人。第一部分详细描述了船队在前往西洋30余国的途中如何遇险、如何呼唤天妃、又如何得到天妃佑助的情形。郑和相信，前6次下西洋之所以能顺利返回，全都是天妃护佑的结果，但也展示出了大无畏的英雄气概，宣称在"鲸波接天，浩浩无涯"的危险万状的海洋风浪中，仍然"云帆高张，昼夜星驰"，一往无前。碑文的第二部分讲的是船队回国后，郑和向明成祖请求在南京龙江、太仓修建天妃庙宇的事。碑文的第三部分，记述在天妃的护佑下，船队先后6次下西洋的主要事迹：在过去的20多年中，他们擒获了海盗陈祖义，俘虏了锡兰的暴虐国王亚烈苦奈儿，打败了苏门答腊伪王苏干剌，肃清了西洋航路上的障碍，使30多个国家和明朝通好，纷纷前来朝贡。郑和饱含深情，第一次具体回顾历次出使经过，并且似乎意识到这将是最后一次西洋之行，所以郑重地将自己和随行官员的名字一一镌刻在碑石上，除了表达对天妃的感激之情，显然也为了让船队的事迹得以流传千古。

船队在二月二十六日抵达福建长乐太平港，全体下洋官兵在这里停留了8个多月，等待东北季风的来临。

永乐十年（公元1412年）时，郑和曾在这里建造了天妃的南山行宫，此后，郑和每次下西洋都要来这里祭拜天妃。近年来，南山行宫渐渐荒废，甚至连行宫旁建于宋朝的南山塔寺也香火残落。郑和此次一到长乐，立即着手整修天妃宫，并出资在宫中新建了一座三清宝殿，一旁的南山塔寺也被修葺一新。同在刘家港一样，郑和也在这里立了一块石碑，并在石碑上镌刻了《天妃灵应之记》，这块碑至今完好无损。碑文的内容与刘家港天妃宫碑内容相似，先记录下天妃显灵和重修天妃宫的来龙去脉，又逐一列举历次下西洋的事迹，只是立碑时间和立碑人被放置到了最后：宣德六年仲冬，正使太监郑和、王景弘，副使太监李兴、朱良、周满、洪保、杨真、张达、吴忠，都指挥朱真、王衡等人，天妃宫住持杨一初请求立碑。碑文中多了一位副使李兴，增列了两位都指挥。两块碑文开列的出使官员，为后人研究郑和下西洋使团构成和具体成员提供了极为重要的依据。

同月，郑和率领船队缓缓驶出长乐太平港，正式开始了第七次下西洋的远航活动。回首遥望，南山上的天妃宫和南山塔寺被层层叠叠的青松翠柏掩映着，并逐渐与青山化为一体。

一阵海风吹来，略微有些干涩，郑和不由生出一丝离愁。他感到有些讶异，早已习惯了在西洋上漂泊的日子，为何这次偏偏对这片土地如此眷恋？修庙、刻碑，似乎只有这样做，才能在这个为之奋斗了终生的帝国留下自己的痕迹。最后一次向天妃遥致敬意后，他挥手转身，回到船头。望着眼前的浩渺烟波，顿时阴霾消散。郑和振作精神，前路漫漫，他还要去向各国传达大明新皇帝登基的消息呢！

客死他乡

下西洋行动中止的 6 年内，荒废的不仅是各地的天妃庙，各国同中国的关系也慢慢疏远，西洋各国之间的安定局势也渐渐有些动摇了。

宣德六年（公元 1431 年）二月初七，满剌加国王派遣使者巫宝赤那等人来到北京，他们此行并不是来朝贡，而是来向明宣宗控诉暹罗的霸道行径。原来，自从宝船停止下西洋后，暹罗国王认为明朝再也没有余力调停南洋国家的事务了，所以他一面继续维持与明朝的朝贡贸易，一面重新酝酿侵夺满剌加的计划。也许想从离间中国与满剌加的关系入手，暹罗国王派人拦截了满剌加派往中国的朝贡使团。满剌加无力对抗暹罗，只能派巫宝赤那等人悄悄地登上苏门答腊的朝贡船只来到北京求援。

明宣宗自然也继承了明成祖"怀柔远人"的外交政策，希望西洋各国间能够相安无事、和睦共处，所以就向暹罗国王下了一道诏书，让郑和带往暹罗以协调两国关系。对于空手而来的巫宝赤那等人，明宣宗还是以对待朝贡使团的标准进行了赏赐。他和明成祖一样，更重视各国在精神层面对这个王朝的臣服，所以对这些物质方面的收益并不计较。

郑和率领船队一路南下，虽然要解决满剌加的问题，但他此行的首要目的还是向各国宣布明宣宗继承皇位的消息，所以他先到占城、爪哇、旧港进行了访问，之后才将巫宝赤那送回了满剌加。宣德七年（公元 1432 年）七月初八，郑和到达了满剌加。他首先向国王表达了新皇帝明宣宗对他的问候，然后又向他承诺，明宣宗将继续实行永乐年间的外交政策，维护满剌加的独立地位。

不久之后，郑和前往暹罗，着手解决暹罗与满剌加之间的争端。暹罗与明朝的关系向来密切，即使是在下西洋中止的那 6 年中，暹罗也在宣德元年到宣德三年（公元 1426—1428 年）之间连续 3 年向明朝朝贡。明宣宗并不希望因为满剌加而影响两国的关系,所以在郑和向暹罗国王宣读的诏书中,他是这样说的:"我现在统治这个天下,对各国的态度是平等的,你能臣服于我的王朝,并屡次派遣使者前来朝贡,我感到十分欣慰。但是,我最近听说满剌加国王派遣到天朝的朝贡使团被你拦截了。我想其实这并不是你的本意,必定是你身边那些鼠目寸光的头目们蓄意挑唆,影响了两国之间的和平。但这又岂是长久之计呢?你实在应该听从我的劝告,与邻国和睦相处,同时警告手下的头目们再也不要有侵扰他国的念头,这才是治理国家的正确策略,也才能体谅我对各国一视同仁的用心。"这一番话,严厉而委婉,将挑起两国争端的责任都推卸到暹罗国王身边的头目们身上,国王的颜面得以保全,而那些所谓的头目们也并没有具体所指,自然也没有人会因此受到责罚。暹罗国王接受了明宣宗善意的规劝,郑和再一次平息了暹罗与满剌加之间的争端。他回到满剌加,向满剌加国王宣布了这个好消息,随后又在这里补充了一些物资。八月初八,宝船队起航,前往苏门答腊。

  郑和带领宝船队出使了苏门答腊,之后又先后前往苏门答腊附近的阿鲁、那孤儿、黎代、南渤里等国进行了访问。在从南渤里前往锡兰的途中,他们遭遇了暴风雨,所以首次造访了翠兰屿(今印度洋东北部尼科巴群岛)。

  翠兰屿是个尚处在原始部落状态的小岛,传说佛祖当初在岛上沐浴时被人偷走了袈裟。于是佛祖发誓,以后这个岛上的人只要穿衣服就会全身溃烂,所以这个岛上所有人都不穿衣服,只用树叶勉强遮挡身体。

  郑和在这里略作停留,3天后,他派遣一支分船队前往榜葛剌国(今孟加拉国及印度西孟加拉一带),自己则率领大腙船队前往锡兰。到达锡兰后,郑和又派遣另一支分腙船队前往溜山国,大腙船队继续朝着古里和忽鲁谟斯方向前进。这时已经是十一月份,印度洋上的东北季风已经吹起，所以郑和只派洪保率领一支分船队访问古里，自己则率领大䑸船队顺风横穿阿拉伯海，前往忽鲁谟斯。

出人意料的是，洪保到达古里国后，得知古里国王正要派人前往天方国（今麦加）。天方国是伊斯兰教的圣地，是伊斯兰教创始人穆罕默德开始传教的地方，每年都有来自世界各地的伊斯兰教徒前往天方朝圣，其中不乏来自中国的教徒，就像郑和的祖父和父亲。洪保抓住了这个难得的机会，他挑选了包括通事马欢在内的7个人组成一个使团，携带着麝香、瓷器、丝绸等物品，跟随古里的船只一同前往天方。

3个月后，使团到达了天方国的码头——秩达（今沙特阿拉伯吉达），又往西航行了一个月，终于到达天方国的都城，也就是当初穆罕默德开始传教的地方。这里一年四季都很炎热，从来不下雨，更不下雪，但夜晚的露水很重，所以树木花草都是由露水滋润的。虽然缺水，但这里的农产品还是很丰富，西瓜、甜瓜等个头很大，需要两个人才抬得动，还有重10斤以上的鸡鸭。除此之外，这里还出产蔷薇露等香料，生活着"麒麟"、狮子等珍贵野生动物，还有珍珠、珊瑚、琥珀和各种颜色的宝石，真可谓物产丰富。

在天方国停留的短暂日子里，马欢等人也许没能同古里国的使者一样觐见天方国的国王，因为在他的《瀛涯胜览》中并没有对天方国王的描述，而这是他在见到其他国家的国王后必定会记录下来的一件事。但他们肯定将麝香、瓷器等礼物托古里使者转交给了天方国王，因此，后来天方国王还派了使者沙献带着"麒麟"、大象、马等贡品，跟随马欢等人来到了中国。

马欢虽然没能见到天方国国王，但他在天方国游历得十分尽兴。因为这里的人民都严格地遵守着伊斯兰教的教义，全国上下禁酒，所以也就没有酗酒闹事的情况发生，人们彼此的关系都很和睦，马欢觉得这里简直是个极乐世界。

到了天方国都城，当然不能不去天堂礼拜寺。这个被马欢称为恺阿白的礼拜寺，就是现在麦加的黑石殿，是信徒们的朝拜中心。礼拜寺周围有一道城墙，城墙四周共有466个门，门两边的柱子都是用汉白玉做成的。整个礼拜寺用五色石堆砌而成，用5根沉香木作为横梁，连礼拜寺内的墙壁都是用名贵的蔷薇露、龙涎香掺上泥土砌成的，因而全寺散发着香气。墙壁上还罩着上好的黑色绸缎，每年十二月初十，是伊斯兰教的宰牲节，来自世界各地的伊斯兰教徒会来到礼拜寺做礼拜，然后会把墙上的黑色绸缎割下一块带回家，作为朝圣的纪念品。礼拜寺旁是阿拉伯人的祖先——易司马仪的墓地，整个墓地用绿玉石和黄玉堆砌而成，十分华丽。

从都城往西，行走一天，就到了蓦底纳，也就是现在的麦地那。公元7世纪，穆罕默德率领伊斯兰教徒从麦加迁徙到了这里，为这个地方起名为麦地那·乃比，即先知之城。后来穆罕默德以此为据点，统一了阿拉伯半岛，他死后也被安葬在这里。马欢说，在穆罕默德的陵墓上，不论白天黑夜都会有光芒闪现，墓后的井水也有神奇的作用，开到这里的外国船只，只要取一些井水放在船上，在海上遇到飓风时将井水洒进海中，风浪就会平息。

临行前，他们将采购到的各种珠宝和麒麟等野生动物带上了宝船，此外，他们还画了一幅天堂礼拜寺的全景图带回国内。宣德八年（公元1433年）七八月间，他们回到中国，向明宣宗献上这些物品，同时，天方国的使者也第一次来到明朝朝贡。

《前闻记》里记载，郑和船队于宣德七年（公元1432年）十二月二十六日抵达忽鲁谟斯，于次年二月二十八日开船回洋，三月十一日到古里，二十日大船回洋。郑和在此期间身患重病，并且死在了风雨飘摇的海上。据《同治上江两县志》云："牛首山有郑墓，永乐中命下西洋，宣德初复命，卒于古里。赐葬山麓。"郑和是穆斯林，遗体必须在3天之内下葬，于是人们把他就地安葬，回国后宣宗赐葬其衣冠于南京中华门外牛首山下。

南京是历次下西洋的出发地，城内马府街还有郑和的府第。6次下西洋后，郑和又出任南京守备达6年之久，其时郑和曾经呈请皇帝，希望能将南京净觉寺赐为他的世袭产业，以后子孙可以守在这里，而他的后裔一直生活在南京。可见南京已成为郑和的第二故乡。古人大多有深厚的叶落归根情愫，死后一定要回到故乡才能安宁长眠。郑和死在海上，葬在南京，一个是他终生为之魂牵梦萦的实现理想的广阔天地，一个是他眷恋的安身立命之所。郑和的最后一段路程对他而言，可以说是一种安慰。而他死在海上，对于一个航海家来说是最完美的结局了。

郑和去世后，明朝再也没有出现能与郑和相提并论的航海家、外交家，朝廷也再没有足够的经济和军事实力来负担下西洋的庞大开销。所以，在郑和第七次下西洋之后，明朝再也没有组织过这样大规模的远洋航行，人们只能通过《三宝太监西洋记通俗演义》这类通俗读物，来缅怀明初的远洋壮举和盛世伟业。

第六章 郑和下西洋的影响

郑和远航延伸了东方世界的海洋航路，使中国到南洋群岛的简单航线变得更加密集和网络化。由此绘制而成的《郑和航海图》更是世界上最早关于海洋的世界地图。它充分证明明朝初年，中国的航海技术已经在宋元使用罗盘导航的基础上，进步到利用天文导航，从而使船舶达到可以安全、准确地航行到世界各地的水平。

明朝时期，中国文化在世界上仍处于领先的地位。通过先后7次远航，郑和与他的船队架起了一座横跨亚非之间的友谊桥梁。

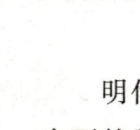

贸易活动带来的发展

明代以来，中国的工商业得到了长足的发展，中西的贸易交流也形成了牢固的历史传统。郑和下西洋，促进海外贸易扩大，带动了中外经济交流与发展。郑和下西洋期间，通过多种形式与当地开展双边贸易，平等互利，互通有无，把中国的丝绸、瓷器、茶叶、漆器、麝香、金属制品和书籍等运往国外，换回当地的香料、药材、动植物、珠宝及生产瓷器所需原料等多种货物。这种贸易活动，推动了中国和这些国家的经济和文化发展。

郑和船队每次下西洋都装载着大量丝绸，他每到一地都以中国的丝绸等物换取当地的特产，或赐给当地国王。在朝贡贸易中，明王朝回赐的礼品也大多是丝绸，这在客观上为手工业的发展开辟了道路。为赏赐外国使节，朝廷曾从南京调运大量丝绸至北京备用。"宣德三年（公元1428年），命南京守备太监郑和、王景弘等，以内府见贮大绢十万匹、锦布二十三万匹，令户部遣官运赴北京"。一次就调运丝绸数十万匹，可见数量之巨。

郑和下西洋扩大了中国同亚非国家的贸易往来，引起了这些国家对中国手工业品的需求，开拓了中国手工业品的国际市场。宣德以后，明朝国势渐衰，加以瓦剌、鞑靼侵扰北方，政府已无力进行大规模的官营海外贸易。因此，当明朝廷废止下西洋之后，私人的海外贸易就有了更大的发展。成化、弘治年间（公元1465—1505

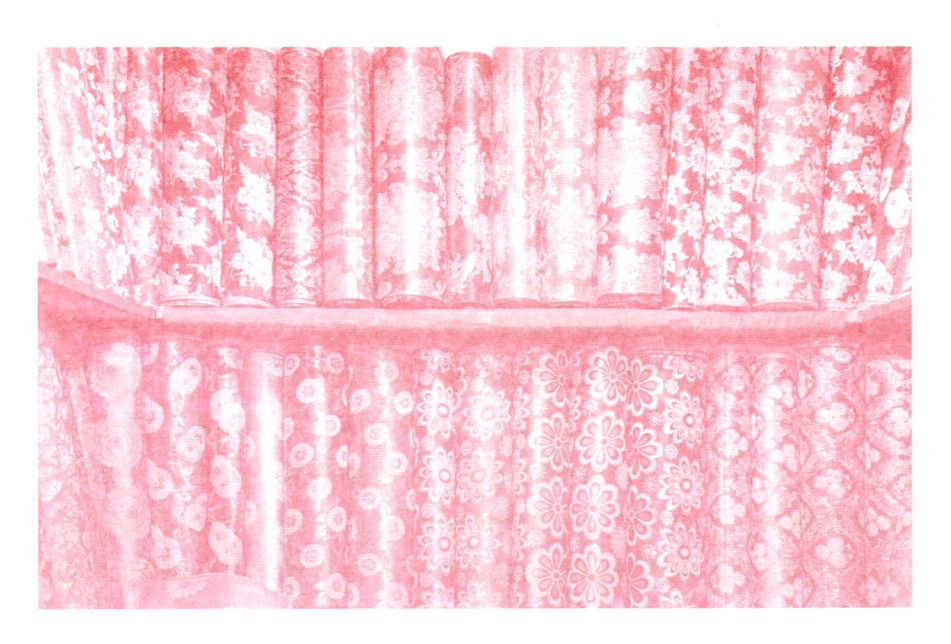

年），东南沿海的一些豪门巨室组织船队出海贸易，明朝廷的"海禁"政策也不能阻止他们。到了嘉靖年间（公元1522—1566年），一些沿海的地主、商人已把海外贸易视为发财致富的重要途径。嘉靖二十六年（公元1547年），世宗朱厚熜曾派右副都御史朱纨，到浙江充任巡抚，兼提督福建的福州、兴州、漳州、泉州、建宁五府的海防军务。朱纨到任后，为防御"倭寇"，通行"海禁"政策，不仅禁止海外贸易，而且禁止海上航行。这激怒了闽、浙那些把海外贸易作为生财之道的豪门巨室以及大商人。他们群起而攻之，说他"专擅妄杀"，结果朱纨竟被撤职，后服毒自杀。可见当时进行海外贸易的官僚、地主和商人势力之大。

除了中国的私人船队到海外进行贸易之外，东南亚和印度洋地区各国，冒充贡使来中国进行贸易的商人也多起来了。顾炎武在《天下郡国利病书》中谈到，成化、弘治年间，外国贡使越来越多。他们衣着十分特别，招引了不少人围观。他们带来的货物如胡椒、苏木、铜鼓、戒指、宝石等充斥市场，有些人还因此发了财。从《明史》的有关记载来看，成化、弘治年间，来朝贡的国家已远远不如永乐、宣德年间，但远至阿拉伯半岛的天方，依然有贡使来朝，可见郑和下西洋所建立的以贸易为主的朝贡关系影响之深远。

国外市场的扩大，国际贸易的繁荣，反过来又刺激了国内以交换为目的的手工业生产的发展。以出口最多的丝织品为例，它的发展首先表现在生产工具的改进上。如弘治年间（公元1488—1505年），福建的机匠已改用了新式的织机，万历时（公元1573—1619年），嘉兴濮院镇的机匠也开始用新式的"纱绸机"。其次表现在分工的扩大上。某些城镇出现了"以机为田、以梭为耒"的专门织户。这对男耕女织的自然经济来讲，不能不算是一大进步。再次，表现在商品经济的发展上。这些丝织品已不完全是贡赋，而是商品，行销于国内外。随着丝织业的发展，一些生产丝织品的城镇也迅速发展起来。苏州的盛泽镇，明初是一个只有五六十户人家的小村子，随着丝织业的发展，到明末已是拥有5万人口的大镇了。

郑和下西洋对明代中国的贸易起到了巨大的推动作用。在明代，中国成为东南亚国家最大的贸易伙伴，贸易额较高的年份达到白银100万两，这个数量与当时东南亚对外贸易的总额相差无几。在中国与东南亚的关系史上，郑和下西洋占有重要的地位，其功不可没，业绩传千秋。

明代瓷器对东南亚的出口，最大输出途径是郑和七次大规模远航贸易，其次是明政府对外国的赠予和各国使节回程时的附带性贸易，还有一部分是通过民间的海外贸易输出的。据《星槎胜览》《瀛涯胜览》记载，郑和船队在暹罗、旧港、满剌加、爪哇、苏门答腊、占城、苏禄等地都用中国青花瓷器和青瓷器进行贸易，而东南亚各国对中国的瓷器都十分欢迎，销量很大。东南亚各国也有商船来中国采购瓷器。永乐元年，明政府于浙江、福建、广东设市舶提举司来管理对外通商事宜，随使团带物产来中国交易的，官方一律收购，即由有关方面规定外国货物和本国货物的价格，折合币值，公平交易。

当时景德镇是全国的瓷器制造业中心。洪武年间（公元1368—1398年），景德镇有官窑20座，到宣德年间（公元1426—1435年）已增至58座。不仅官窑数量增加，所造瓷器的质量也大有提高。永乐时造的压手杯，"杯外青花深翠，式样精妙，若后来仿效，殊无可观。"宣德时，最受"西洋"各国喜欢的青花瓷器，是明代瓷器的珍品，"为今古之冠。"瓷胎所用陶土洁白细腻，青花的原料乃真"苏泥勃青"，系来自国外（有人说来自南洋）。而"创古未有"的祭红瓷器，是"以西洋红宝石为末入渤"烧制而成的。以海外特产"苏泥勃青"和西洋红宝石为料，烧制出前所未有的瓷器佳品，可见郑和下西洋所开拓的海外贸易对中国瓷器制造业发展的贡献。

16世纪葡萄牙侵占中国澳门后,经常用武装船舶运载中国贵重的商品,特别是瓷器,贩卖到东南亚各地。尽管如此,仍有不少商船将陶瓷产品运往东南亚各国。如西班牙占领下的菲律宾,每年有30—40艘中国商船到达。爪哇港口也常有中国船只停泊。1625年,有一中国船队到达巴达维亚(今雅加达),船队中共有5艘船,多数是600—800吨,总的吨级超过东印度公司回航舰队的总吨数。1627年,巴达维亚又来了一队800吨级的中国船。据当时荷兰人估计,1626年由福建港口起航的船,有4艘驶往巴达维亚,4艘到柬埔寨,4艘到越南,3艘到暹罗,1艘到北大年,1艘到詹卑,1艘到查拉坦,还有100艘左右的小商船驶往马尼拉。陶瓷是这些商船运载的主要商品之一。

在世界各地出土或收藏的明代瓷器中,东南亚的数量

最多，各种储水器、罐、四系罐、水瓶、军持和用餐的大盘、碗等，均成为当地人民生活中不可缺少的必需品。

瓷器的生产技术在大量出口的推动下得到了提高。中国制瓷业通过郑和船队从东南亚地区获得了新的原料，如制瓷的青料"苏麻离青"即来自苏门答腊的渤泥，或谓"苏渤泥青"。这种青料的特点是发色明艳、呈色稳定，并有别致美丽的晕散现象。它的引入，使久负盛名的中国瓷器增添了新的光彩。另一方面，中国的制瓷技术在东南亚得到进一步传播，如占城就直接聘请中国制瓷工匠去烧制青花瓷，使当地制瓷技术有了很大提高。

当然，我们不能把明中后期的瓷器制造业的发展完全归结为国际贸易的发展，更不能把这种国际贸易的发展完全归结为郑和下西洋所建立的"朝贡"关系。但是，郑和下西洋及其与一些国家建立的"朝贡"关系，对后来私人国际贸易的发展和瓷器制造业的发展有积极的影响，则是不能否认的。

舶来品和技术交流

田汝康先生在《郑和海外航行与胡椒运销》一文中指出："胡椒在中国由珍品变为常物是郑和远洋航行所促成的改变。要是达·伽马1497年到1498年的航行曾对欧洲的胡椒贩运产生过巨大的影响，那么郑和舰队较达伽马所驾驶的船只大九十倍，随行人员较达·伽马多出一百五十倍，况且，这个舰队是当时亚非地区胡椒的最大收购者，和以后各国相互竞争的局面完全两样，它的贸易又是以平等交换为原则的，和后来葡萄牙人的暴力掠夺截然不同。根据估计，15—16世纪中国在东南亚地区收购的胡椒年达5万包、或250万斤，等于17世纪上半期胡椒从东方输入欧洲的总数"。

永乐、宣德年间，由于海外输入胡椒、苏木积存很多，明政府便把这些物品作为货币的代用品，用以支付官俸和军士赏赐。如永乐二十二年（公元1424年），以胡椒、苏木大规模折换赏赐北京和南京各卫军士冬衣花布，规定"在京各卫军士核赏布三匹、棉花一斤半者，与绢一匹、胡椒一斤；……核布一匹、棉花一斤半者，与绢一匹、胡椒半斤。其南京卫所军士，止赏布匹。核三匹者内二匹折绢一匹，一匹折胡椒一斤，……该一匹者折胡椒一斤。"同时规定在京官员的俸钞都折换胡椒、苏木，胡椒每斤折钞16贯，苏木每斤折8贯。以此计算，胡椒的价格为一两四钱二分。而据《瀛涯胜览》来看，当时胡椒在海外产地的收购价格，每斤仅值银一厘到一分之间，所获利润惊人。

随着中外贸易的发展，胡椒输入量不断增加，价格一再跌落，到明代后期终于由珍品变为"遍中国食品，为日用之物也"。郑和下西洋扩大了东南亚国家商品在中国的销售市场，也促进了这些国家经济作物的生产。中国对胡椒的需求增加就导致了爪哇和苏门答腊胡椒种植的发展。

东南亚一些国家，土肥地沃，气候适宜，雨量充沛，本应盛产米谷。但是，由于缺乏农业技术，当时如占城、暹罗、满剌加等国都是"人少耕种"。一些跟随郑和下西洋的人员留居各地，与当地人民一起用辛勤的劳动开发所在国，把中国的水稻技术传授给当地人民，使今日的印度支那许多国家成为世界产米之区。

除了水稻种植技术以外，郑和等人还把中国的捕鱼、种果等农业技术传入各国。在柯枝，当地渔民捕鱼的网被叫作中国网，相传是郑和下西洋时，由中国水手教会的。在印度尼西亚巴厘，传说郑和的一个厨师留在该地，结婚生子。他带去了少量的白葱和荔枝，在巴厘种植成功，一直延传至今。巴厘因此成了印度尼西亚唯一生长荔枝的地方。

与此同时，郑和等人也把海外各国的一些农作物品种及其种植技术传入中国。如中国江南一带所称的"洋暹米"，就是郑和下西洋时传来的。

与亚非国家的文化交流

郑和下西洋，传播中华文明，促进了中外文化的双向交流和共同进步。中华民族历史悠久，创造了光辉灿烂的古代文明。郑和下西洋，向海外传播科学文化、典章制度、文教礼仪、宗教艺术等中华文明，将中国在建筑、绘画、雕刻、服饰、医学等领域的精湛技术带入亚非国家，向当地人民传授凿井、筑路、捕鱼技术，推广农业技术和农作物栽培方法，推行货币、历法、度量衡等。同时，亚非国家的文明成果也传入中国。郑和七下西洋，在中外文化交流史上写下了辉煌的篇章。

郑和的家庭世代都信奉伊斯兰教，其祖父、父亲都是虔诚的伊斯兰教徒,并都曾经到麦加朝觐过。因此,郑和在出使西洋的过程中,对伊斯兰教在爪哇、旧港等地的传播起了巨大作用。

15世纪初期,东南亚国家大多数深受佛教、印度教以及当地鬼神崇拜的影响,如爪哇国土人"崇信鬼教"等,伊斯兰教还没有什么势力。郑和第一次出使西洋时,在旧港消灭了海盗陈祖义,设旧港宣慰使司,任命当地华侨施进卿为宣慰使。施进卿为伊斯兰教徒,在郑和的支持下,他提倡伊斯兰教。这样,伊斯兰教在旧港迅速传播开来。后来,郑和又到爪哇等地提倡伊斯兰教,使伊斯兰教在当地逐渐盛行。

关于郑和对伊斯兰教在旧港、爪哇等地的传播的作用,印度尼西亚著名语言学家和历史学家斯拉默穆利亚纳博士在所著《印度——爪哇王朝的覆灭和努山打拉伊斯兰国家的兴起》一书中指出:"郑和先是在旧港,后来在山巴斯(西加里曼丹)建立穆斯林华人社区,接着又在爪哇沿海、马来半岛和菲律宾等地建立类似的社区。他们遵照哈纳菲教派的教义和义务用华语传播伊斯兰教。"印度尼西亚学者茫雅拉查,翁昂,巴林桐岸在《端古劳》(意为"我的主人,我的先生",是对伊斯兰教学者的尊称)一书中也称:"1405年郑和访问爪哇以后,1407年在旧港便产生华人回教社区。接着,在1411年,在安哥、安卓儿、室里汶、杜板、锦石(即革儿昔)、惹班及爪哇其他地方,回教堂纷纷建立起来。"

郑和在出使亚、非诸国的过程中,"所至颁中华正朔",即颁给明朝的历法,要求海外诸国承认明王朝为"正朔所在",奉行明朝的历法。

众所周知,明代的历法有"王历"和"民历"两种,其中"历注"记载着上自国家大事、下至民间生活的各项应行事宜,在一定程度上反映着中华文明。对于那些大多仍处于奴隶制或部落状态、文明程度远比明朝落后的海外诸国,郑和等人颁中华正朔的意义,更多地在于使各国接受中华文明,促使其社会面貌向着接近中国的方向转化。正如明成祖在谈及郑和下西洋的目的时所说:"宣教化于海外诸番国,导以礼义,变其夷习。"而海外各国因郑和使团之来,得中国历书,慕中华文明,往往也会派使者甚至国王本人亲自到中国,体会中国文物典章之美、军容仪威之盛,从而产生改革旧制陋俗的要求,提高文明制度。当然,就颁布中国历法本身而言,其科学意义也不能忽视,它对促进海外各国历法的进步也有积极作用。

郑和出使西洋期间,还向琉球、渤泥、暹罗、爪哇、占城、满剌加、锡兰山、古里等国给赐冠服。如永乐七年(公元1409年),郑和代表明朝政府赐给满剌加国王冠带袍服以后,满剌加头目拜里迷苏剌的身份由一个部落的酋长正式转变为一个国家的国王,当地"科头裸足语侏僇,不习衣冠疏礼义"的原始部落状态也得到改变。永乐九年(公元1411年),拜里迷苏剌率妻子及陪臣540余人来朝,明成祖又几次赐王、王妃及王子、侄等人冠服仪仗。明朝政府赐给各国冠服,目的是推广中国冠服制度,即用中国文明影响亚、非各国。

一些国家在目睹了中国的冠服文明以后,也主动向明朝政府请求给赐。如永乐四年(公元1406年),渤泥国使臣生阿烈伯成、通事沙扮等在回国前提出:"远夷之人,仰慕中国衣冠礼仪,乞冠带还国。"明成祖很是高兴,令赐生阿烈伯成镀金银带,沙扮素银带。郑和下西洋使亚、非一些国家由"不习衣冠疏礼义"到"仰慕中国衣冠礼仪",反映了中国文化对这些国家产生的影响。

为了向亚、非各国传播中国文化,明朝政府还大量赠予图书。永乐二年(公元1404年)九月,明成祖命礼部装印《古今列女传》1万本,"给赐诸番"。当时,适暹罗国遣使来贡,明朝赐其国王绮、钞等若干,并赠《古今列女传》100本。若按明朝对海外各国"一视同仁"的外交准则,每个国家赐100本《古今列女传》,则1万本可赐100个国家,郑和使团所至之地均能得到该书。明成祖编订

《古今列女传》，目的是"俾为师民知所以教，而闺门知所以学，庶修身者不致以家自累，而内外有以相成全体经纶之功，大复虞周之盛"，即宣扬妇德，协调社会关系，达到"天下大治"。他向海外大量颁赠该书，就是要用中国的封建伦理道德教诲海外女性，并使其影响其夫，起到协调各国社会关系，改变某些落后习俗的作用。

由于历史原因和语言障碍，《古今列女传》对亚非各国风俗的影响究竟有多大还很难说清。但是，由于各国多仰慕中华文明，且有华人聚居，所以该书的颁赠无疑会对中国文化在各国的传播有积极作用。除了《古今列女传》以外，明朝还向亚非一些国家颁赠了其他一些书籍，促进了中国与这些国家之间的文化交流。

郑和等人在出使亚非各国的过程中，不仅注意到各国富有民族特色的绘画，而且在返回时把各国的绘画传到中国来。南京静海寺有水陆罗汉像，"乃西域所画，太监郑和等携至，每夏间张挂，都城士女，竞往观之"。万历时的《静海寺重修碑》也说："阿罗汉像，水陆毕陈，巧夺造化之奇"，"此使者（郑和）得之西洋，藏之兹寺。即它崇刹，不得与论珍。"

亚非各国人民精湛的雕刻技艺对郑和使团同样具有很大的吸引力。在离别这些国家时，船队把一些当地的雕刻工艺品也带回了中

国。如北京金水河南池子南口段原有"飞虹桥","桥以白石为之，凿狮、龙、鱼、虾、海兽，水波汹涌，活跃如生"，为郑和下西洋时自西域得，"非中国石工所能造也。"明人陶崇政《飞虹桥诗》也云："中官三宝出西洋，载得仙桥白玉梁。甲翼迎风浑欲动，睛珠触目更生光。"

东南亚许多国家原来没有或少有砖瓦建筑。如满剌加"居屋如楼，各有层次。每高四尺许，即以椰木劈片，藤扎缚如羊棚状"。郑和数至该国，给他们带去了砖瓦，帮助他们盖起了砖瓦建筑。满剌加国"王居前屋用瓦，乃永乐中太监郑和所遗者"。柯枝国的贫民或"无屋居之，惟穴居树巢"，或"在海滨居住，房檐高不过三尺"，"用椰木盖之"。郑和到达后，指导他们修建房屋。为了发扬各国固有的佛教和伊斯兰教信仰，传播伊斯兰教，郑和等人还在各国修建了许多佛教寺塔和伊斯兰教清真寺，如暹罗的三宝寺塔、礼拜寺（清真寺）、西塔，以及旧港、爪哇、马来半岛和菲律宾等地穆斯林华人社区的清真寺等，从而把中国的建筑技术传播到海外各国。与此同时，郑和等人还把亚非各国的建筑技术吸收过来。如阿丹国用紫檀木建筑的楼居，天方国用玉石建筑的礼拜寺等。郑和在下西洋时购回玉石、紫檀木等，用作中国的建筑材料。永乐年间建造的静海寺，"础石大如车轮，润如苍玉，柱皆数围，或云沉香木为之"。俞彦寺碑说静海寺"精舍制作之妙，此使者（郑和）得之西洋"。

共享太平之福的外交理念

郑和下西洋，推行亲仁善邻，巩固和发展了中国与亚非国家的友好关系。明朝中期的中国，是一个综合实力走在世界前列的强国。但中国人没有恃强凌弱，郑和下西洋是世界上公认的和平之旅。28年间，郑和船队始终奉行"共享太平之福"的对外政策，发展与各国的友好关系，在中国与亚非国家之间架起了友谊的桥梁，进一步树立了中国的和平友好形象。

郑和下西洋，展示了中华民族不畏艰险、勇往直前的英雄气概和开放进取、海纳百川的宽广胸怀，为后人留下了宝贵的精神财富。600年前，面对人类还知之不多的广阔无垠的海洋，面对险象环生的长途远航和种种难以想象的困难，郑和与他的船队没有退缩，以无所畏惧的英雄气概，一往无前，百折不挠，继汉、唐、宋、元各代与世界各国人民陆上交往的不断扩大，又开辟了中华民族从海上走向世界的新纪元，将中外交流提高到新的水平。

洪武末期以来，中国与海外诸国之间，几乎没有什么来往了。建文时期，连续4年的"靖难之役"，使中国的统治者更无力顾及海外关系问题。在"靖难之役"结束后，打破中国与海外诸国的隔绝状态，自然就提到议事日程上了。洪武三十五年（公元1402年）九月，朱棣刚登上皇帝宝座不久，就向安南、暹罗、爪哇、琉球、日本、苏门答腊、吕宋等周边的海外国家派出使节，颁以"即位诏"，宣布明朝的对外政策，欢迎他们来华贸易。

郑和下西洋推行和平外交政策，深受当地民众的欢迎。通过郑和下西洋，明朝的国力大大加强，表现出了空前的大国威望，进而形成了万国来朝的盛世局面。受郑和下西洋的影响，亚非国家来华使节络绎不绝，其频繁程度为中国数千年封建社会所仅见。永乐五年（公元1407年），郑和第一次下西洋归来据记载，这一年，琉球、中山、安南、日本、别失八里、阿鲁、苏门答腊、满刺加、小葛兰等十多个国家入贡。其中，除少数几个国家外，大都与郑和出使有关。许多国家使节都是搭乘郑和的船只来到中国的。例如，永乐十七年（公元1419年），郑和第五次下西洋回国时，就带回17个国家和地区的使臣。永乐二十一年（公元1423年），郑和第六次下西洋回国时，第二年来中国朝贡的国家达到16个，派出使臣1200多人。

这种盛况在中外关系史上几乎是空前的。据统计，洪武年间自洪武二年起始有贡使来华，至朱元璋去世的29年间，共有使节来华183次。在永乐年间自永乐元年至朱棣去世的21年间，共有来华使节318次。在各国贡使中除了一般的使节之外，还有四国的9位国王多次来华，他们都受到了明成祖的热情款待，其中3位国王在中国去世并葬于中国，留下了许多令人津津乐道的友谊佳话。

当时明政府赏赐海外诸国的形式有两种，一是外国国王或使者来中国进贡，皇帝在纳贡后给予来者赏赐；另一种就是郑和船队所到之处由郑和代表皇帝给予当地国王或酋长赏赐。

郑和下西洋的船队，满载着深受海外各国喜爱的绮罗、彩帛、锦绮、瓷器、铜钱和药材等，直接深入海外各国去交换香料、宝石及金银铜钱。每到一地，使者先读圣谕，再赠送礼品给国王。尽管郑和每次出使都带领着众多将士，但并没有以此来威胁任何一个国家，更没有以占领者的姿态公开剥削和掠夺，而是通过和平的方式用中国精美实用的手工艺品去换取该地区的土特产。

郑和远洋期间，还在东南亚、南亚地区调节各国矛盾、平息冲突、锄强扶弱、主持正义，维护了南洋地区的和平与稳定。

郑和下西洋已经成为一个象征符号，它所体现的中国睦邻友好、和平交往的理念与实践，为人类和谐相处提供了宝贵的历史经验，与当今世界和平与发展的时代主题相契合。

第七章 永存的纪念

600年前,郑和七下西洋,他率领船队从中国出发,途径东南亚、印度洋到达红海和非洲,并在沿途各地留下了探索的足迹。直到今天,郑和留下的大量遗址和文物,仍散落世界各地,它们就像一颗颗珍珠,把这条伟大的航路串连了起来。

中国不仅是郑和的故乡,也是他历次扬帆出海的起点。这里有规模宏大的宝船厂,有祈福平安的天妃宫,有岸阔水深的刘家港,有航路畅通的长乐县……

这些饱经沧桑的遗址遗迹,都是郑和船队遗留下来的弥足珍贵的文物,也是世界航海史上的重要遗产。

静海寺与天妃宫

南京静海寺在闽江楼下,静海寺与天妃宫原联为一体,分别为明永乐九年(公元1411年)郑和第二次下西洋归来和永乐十四年(公元1416年)第三次下西洋归来时所建。现静海寺已部分恢复,天妃宫却只剩一通驮石碑（即御制弘仁普济天妃宫之碑）夹置在数栋楼之间，后由于城市建设需要，将天妃宫碑移入静海寺内保存。

静海寺因永乐皇帝为祝福郑和航海平安归来，取"海外平服，四方无事"之意，故赐名为"静海寺"。当年这里供奉着郑和带回来的"佛牙"和海外珍品、奇花异草等物。郑和晚年曾在此居住过。

静海寺大概最后毁于抗战期间，现只存有房屋3间。1935年，郑鹤声（中国著名历史学家）曾在寺内厨房壁间发现残碑：一块记载郑和下西洋船只大小的情况的碑，可能为郑和篆刻。此碑毁于日寇侵华期间。

天妃宫的建造是因为郑和第三次下西洋时，遇到狂风恶浪，后历尽艰辛转危为安，郑和认为之所以能平安归来，多亏天妃娘娘（即妈祖）保佑。因此，郑和回到南京后即向永乐皇帝提出建造天妃宫的设想，后经朱棣恩准，将天妃宫建在静海寺稍南。现遗址不存。天妃宫碑如今尚保存在静海寺内，以供游人观瞻。

天妃宫碑笔者曾在七八年前著文向报刊披露，首次将南京天妃

宫与妈祖相联系，引起了大家的关注。因妈祖庙大多设在海边城镇，主要是沿海渔民祈求庇佑之用，内地的妈祖庙则十分稀少，而且用的是官称"天妃"，而未用俗称"妈祖"，因此游人未曾将其对上号。

天妃宫碑是南京地区现存几块最大的明碑之一。此碑通高近6米，碑身宽1.5米，厚0.52米，重27吨，699字碑文为明成祖朱棣亲自撰写。碑文写道："涉海洋，经浩渺，飓风黑雨，晦冥黯惨，雷电交加，洪涛巨浪，摧山倒岳"，述尽郑和下西洋之艰苦。现碑身虽然已经龟裂，龟趺也失去了头部，但其高大的雄姿仍在。

南京大报恩寺

报恩寺原名天禧寺，最早源于东晋的长干寺，宋朝时改称天禧寺，永乐六年（公元1408年）失火被毁。永乐十年（公元1412年），明成祖为感念皇父皇母之恩，改名报恩寺，命令工部重修。这项工程进行了16年，却迟迟未能完工。郑和这时名为南京守备，实际并无要事可做，工程建筑又是他内宫监的老本行，明宣宗就敕令郑和监督建造大报恩寺。为此，明宣宗专门发了一道敕令，说南京大报恩寺，自永乐十年十月十三日兴工，过了16年而尚未完工，完全是由于监工的内外官员将匠役占据使用，虚糜了钱粮，把工期迁延了下来。现在命令郑和监工，务必用心提督，限令于今年八月之前全部完工，若延迟了时日，决然不饶。在郑和的大力督造下，建造了16年之久的大报恩寺在这一年的六月份，终于提前完工了。

耸立在正南城门聚宝门外的大报恩寺，方圆九里十三步（约4500米），寺中有供奉明成祖生母碽妃牌位的大殿，有专门放置南藏经板的藏经殿，还有金刚殿、天王殿、佛殿、观音殿、伽蓝殿、三藏殿等殿阁20余座，另外有禅房、经房等各种用房148间，成为明代南京最负盛名的佛寺。寺中高32丈多的九层琉璃宝塔，基座周围广达20丈6尺，高24丈6尺1

寸，是当时南京的地标性建筑，也是全国最为宏伟有名的建筑。据说，郑和下西洋回国后，船队还剩余了100万两白银，就用这些钱来修建了这座琉璃宝塔。但据记载，这座宝塔最后建成时，明朝耗费的钱粮共价值白银将近250万两，这几乎是朝廷一年财政收入的1/10。

宝塔上下有无数金刚佛像，由琉璃砖凑砌而成，佛像的衣褶和面目十分清晰，栩栩如生。据说每层的砖数相等，只是体积自下而上逐级递缩。每层塔楼的表面以及栏杆和拱门，都用五彩琉璃构件装饰，其中黄绿相间的拱门上，飞天、雷神、狮子、白象、花卉等图案，造型逼真，制作精美。宝塔外部用五彩琉璃装饰而成，塔顶用风磨铜，天气晴朗的日子里，阳光照射在宝塔上，塔身流光溢彩。每层顶部和飞檐下都悬垂金铃鸣铎，共有152个，门侧、塔心置灯140盏，每当夜晚，如火龙悬挂，华灯耀目，人们站在城北的长江边上，都能看到琉璃塔上闪亮的灯火。外国使者到南京，见到宝塔后无不顶礼赞叹而去。明代末年，文人惊叹它是"中国之大古董，永乐之大窑器"。到了16世纪中期，被荷兰使者尼霍夫称为可与世界七大奇观媲美的伟构。

琉璃塔在清咸丰六年（公元1856年）被毁，大报恩寺也渐渐荒废，如今，隐约可见的只有一些大殿的墙基。2008年，大报恩寺的遗址中发掘出一座阿育王塔，其中供奉有佛舍利。2010年6月12日，阿育王塔在南京栖霞寺被打开，佛舍利面世，这是全球迄今为止发现的唯一的佛顶骨舍利，引起了不小的轰动。

宝船厂

龙江宝船厂遗址位于南京城西三汊河中保村一带。龙江宝船厂建于明永乐年间，专为郑和下西洋而建，在当时是全国乃至全世界最大的造船厂。

郑和下西洋的大多数船只都是在龙江宝船厂里建造的。龙江宝船厂原本有7个船坞。随着历史的进展，时光的流逝，现在仅能看到上四坞、下四坞、文家大塘以及大小不等的部分水塘。在这些船坞的遗迹中，第四作塘保存最完好，该塘东西长300余米，南北宽30多米，水深1米余，估计当时比现在更深更宽，完全有可能造44丈的大宝船。据当地群众反映，在河塘淤泥下常发现造船用的木料、工具及船上构件等。

宝船厂制造宝船的历史较短，史载永乐六年建造宝船48艘，永乐十七年（公元1419年）建宝船41艘，此外还可能建造或改造海船及海运船数百艘，以备使西洋用。宣德以后，由于停罢西洋事，宝船厂不再造宝船，厂地渐荒，空地改成油麻地。至明嘉靖年间李昭祥作《龙江船厂志》时，宝船厂还剩有库房，派匠丁二人看守。

1953年，宝船厂遗址出土了长达10多米的方形无孔木料。

1957年，考古工作者又在遗址水塘中发掘出了一根长11米、直径40厘米的巨形舵杆，虽经500多年的浸泡和污染，船杆仍坚硬透红。1965年，人们在文家大塘捞出了一段长2.22米长的绞关木，据专家称此木可以吊起500千克左右重的铁锚。据史料所载，郑和所乘坐的宝船体势巍然，长达151.8米，宽有61.6米，可以乘坐千人。站在龙江宝船厂遗址上，看着这些出土出水的遗物，可想象出当年龙江宝船厂之规模。

　　为了造好航海用的船只，明王朝还在南京朝阳门（今中山门）外广种桐树、漆树和棕树50多万株，时称桐园、漆园和棕园，以就地满足龙江宝船厂的各种需求。宝船造好后，经严格检验，在船尾部位刻上造船官员以及工匠的姓名，然后在燕子矶三台洞附近的一片名叫稳船湖的长江水域试航。此处水域被称作"郑和宝船试船处"。

郑和墓

　　郑和墓坐落在南京南部风景区江宁牛首山南麓谷里乡周防村的一个小山坡上。此墓北对宏觉寺塔，东邻献花岩，景致幽静秀雅。墓园附近有一村庄叫郑家村，为世代看守郑和墓的"坟亲家"。60年代初，云南的一支郑家后裔曾来此扫过墓。1984年10月，当时的江宁县文教部门在江苏省伊斯兰教协会的指导下，将郑和墓进行了修缮。现存墓冢便是当年重新修葺的新墓。

　　新墓为方形，以马蹄形石岸围砌，古朴肃穆。郑和墓坐北朝南，高近8米，南北长300米，东西宽60米，可见墓园是不小的。郑和墓墓园为28级台阶，象征着郑和航海28年；台阶中的4个平台，象征他曾访问过的近40个国家；而每个平台有7级台阶，则象征着他七下西洋。墓道入口处建有郑和纪念馆，其中陈列有郑和画像

和郑和《航海图》等。

　　关于郑和墓地,史载不一。有说在南洋三宝珑,有说在古里国(今印度),有说在南京牛首山。专家根据郑和死于 1433 年 3 月底至 4 月上旬推断:郑和在古里去世后,船队经苏门答腊、爪哇等地,因值盛夏,尸体无法保存,就近葬在爪哇三宝垅完全有可能。因此,南京牛首山似为郑和衣冠冢。

太仓刘家港

　　刘家港是郑和船队第二个停泊处和出海港,位于太仓县东北约 15 千米的刘河镇。刘家港地处古娄江入海口,即今长江口附近,是一个十分重要的港口,现为江苏省海洋渔业公司所在地。

　　刘家港古为一渔村,宋元以来取代青龙港而发展成为繁荣的海运港口。刘家港流清沙少，岸阔水深，航道便利，是一个天然的寄泊良港。元朝初年"开海运，通巨舶""琉球、日本、高丽诸国，咸集太仓，称天下第一都会"，号称六国码头。明初陈伸的《太仓事迹》也记载：刘家港"税家漕户，番商贾客，云集阛阓，艘商粮舶，商檣大桅，集如林木……四方谓之第一码头。"永乐到宣德，郑和船队在此建造大船，修葺宫庙，植树刻碑，以致"九夷百番，进贡方物，道途相属，方舟大船，次第来舶。"永乐十年（公元1412年），宝船队更在刘家港外，筑30丈高之烽火台，俗称"宝山"，作为海运船往来的标志。朱棣曾因之篆刻《宝山烽堠碑》碑文。

刘家港码头遗迹今已湮没。目前天妃宫前有老浏河旧道（古娄江）。但旧道已淤浅狭小，不再通航。至于古造船厂、仓库、市舶司等皆不可寻。刘家港口外导航标志"宝山"烽火台，亦已冲毁。然当年永乐"御制烽堠碑"，今存上海川沙县高桥中学的校园内，受到了妥善保护，是一件与郑和航海有关的珍贵遗物。

当年参加下西洋的军士，皆无名英雄。新中国成立前太仓北门外有太仓卫军士墓地，曾出土有随郑和下西洋官军周闻、文贤等人的墓志铭，可惜现在只能找到"周闻墓志铭"。

"周闻墓志铭"全称为《明武略将军太仓卫副千户尚侯声远墓志铭》，其价值在于佐证了郑和亲自刻立的《娄东刘家港天妃宫石刻通番事迹碑》中所记七次下西洋的时间，证明了史书所载"永乐二十二年下西洋受命"而确实未行的事。墓志铭中还载有"部分军士""同时受命者"等句，说明下西洋官军中有一部分是选自太仓卫。墓志铭今存太仓郑和纪念馆内。

候风起航之地——长乐港

从史料记载来看，郑和下西洋，自太仓刘家港起锚后，并不是直接驶往远洋,而是每次都在福建长乐港停留,以此作为"伺风开洋"之地和重要补给基地。因此福建长乐港在郑和下西洋这恢宏壮丽的画卷中留下了浓墨重彩的一笔。

人们不禁要问,中国的海岸线不可谓不长,中国的良港不可谓不多,为什么郑和下西洋唯独钟情于长乐,是什么原因促成了这一历史选择?

如果从地缘地理的角度审视这一问题,便多少可以明白其中的原委了。纵观东南沿海各地滨海城市,从东到西,遍查诸口岸的资源概况,诸如出海进港的便捷性、季风的稳定性和避风的安全性等,均有这样或那样的缺憾。而福建长乐山川灵秀,物产丰富,海域辽阔,港口优良,素以鱼米之乡、海滨邹鲁闻名于世,具有自然和人文等各方面的优势。与相邻省市的港口相比,从长乐下西洋,可以说是航路条条,更为便捷。

根据明人茅元仪的《武备志》刊载的航海图来看,郑和下西洋出航路线,自江苏太仓至长乐的共27条,自长乐五虎门出海达"诸番"的共29条。而回程航路,海外返长乐五虎门的共31条,五虎门回太仓的共22条。共计有109条航路涉及长乐。据专家考证,郑和七下西洋,前三次的航程,均是从长乐出发至印度为终点。长乐至印度是郑和舟师的基本航线,这条航线的第一站是占城(今越南南部),从长乐出发,"五虎门开洋,张十二帆,顺风十昼夜到占城国"(费信《星槎胜览》)。从以上分析,足见长乐占据地理之便。与省内的其他港口相比,长乐距福州最近,只有几十千米,便号令,易统筹,占据指挥优势。于是,郑和选择了长乐作为"开洋"的前哨基地。

现藏长乐郑和史迹陈列馆的《天妃灵应之记》碑中刻下了"累驻于斯,伺风开洋"的句子。这里提到了郑和下西洋的一个重要史实,就是"伺风"。古时航海,要借风而行。郑和船队往往在冬季趁东北风而去，夏季又乘西南风而返。福建沿海航线与南海航线的交汇处，历来是前往东南亚和印度洋的必经之地。闽江口的长乐太平港水面宽阔，风平浪静，是个理想的港湾。长乐太平港，有西北和东北两个出口与闽江相接，大船可以溯潮而出大江，直抵五虎门，出五虎门便是大海，咫尺航程，不需一"更"，是一个近程的伺风港口。五虎门位于闽江口前哨，闽江口又是喇叭形的港口，季风至此，形成一股强大的风力，"去以十一二月就北风，来以五六月就南风"。从太平港"开洋"，扬帆出海，尽得北风相送，而落帆归港，又得南风迎归，这正是郑和船队下西洋所需要的。

郑和七下西洋，每次都到长乐驻泊，时间短则两三个月，长则将近一年。比如第四、第五次和最后一次出洋，从刘家港出发的时间已是十二月，到达长乐后，必须等到翌年的十一月才能伺风开洋，所以在长乐太平港驻泊了11个月。我们看郑和七下西洋的起讫时间，往往长达两三年，事实上真正在远洋上航行的时间并没有那么多。

除了伺风，长乐太平港还有一个重要优势——可以避风。作为郑和下西洋屯兵造船、储备物资的航海基地，除了倭寇侵扰是心腹大患之外，台风肆虐也是一个大问题。因此，有效避风是郑和船队造船聚货、屯兵休整等必不可少的条件之一。遍访诸码头，查找历史记载，不难得出这样的结论，即在所有东南沿海港湾，长乐受台风正面袭击的几率比其他地方少。当地民间有这样的歌谣："台风急，台风吼，一到长乐就拐走。"这是由长乐位于台湾海峡偏北西岸的特殊地理位置所决定的。另外，长乐太平港夹在北丘山和浮峰山之间，港湾曲折，山绕外环，水横内围，实为隐藏在内陆腹地的良港。即使偶遇台风袭击，也不会造成大的损失。这正是长乐太平港有别于其他港口的地方，也是郑和选择此处作为航海基地和出洋港口的一个重要原因。

长乐的南山是当年郑和船队驻泊活动的中心，留下了不少有关郑和的遗迹。南山位于长乐县治之西南而得名，山上有隐屏、香界、石林3座小峰，又名三峰山。山巅有塔，又称塔山。

南山因早年筑有天妃宫，遂成为郑和下西洋船员朝拜祈诵之地。由于历次驻泊航行平安，为感谢海神天妃庇佑，郑和于永乐十年（公元1412年）奏请明成祖并获准在长乐南山建成一座雄伟壮丽的天妃行宫。翌年，郑和同寺僧重修三峰塔与三峰寺，并题匾额"三峰塔寺"。

说到这个三峰塔，有个传说。该塔原名南山塔，始建于宋代。永乐十一年（公元1413年），郑和登塔，得知该塔为宋徽宗祝寿而建，颇为不悦，谓赵佶乃庸君，被金人所俘而丧生北国，于是改题塔名为三峰塔。该塔迄今犹存，塔身石构，八角七层，巍然耸峙。此塔既是郑和俯瞰驻泊太平港船队的瞭望塔，也是郑和船队出入太平港的航标塔。

明宣德六年（公元1431年），郑和最后一次下西洋前，为了祈保出海航行平安，在他所建的长乐南山三清宝殿铸造大铜钟一口，俗称郑和铜钟。钟高68厘米，钮高14厘米，口径49厘米，厚2厘米，重77千克。铜钟形体古朴，饰纹优美，铸工精良。钟体呈褐绿色，覆釜形，葵口，双龙钮柄顶，肩浮印八卦、云雷等纹饰。主纹上部饰五组八卦纹，铸有"国泰民安""风调雨顺"八字。下部铭文五组共54字，行楷，全文为："大明宣德六年岁次辛亥仲夏吉日，太监郑和、王景弘等同官军人等发心铸造铜钟一口，永远长生供养，祈保西洋往回平安吉祥如意者。"这口铜钟后来在南山天妃宫遗址出土，现珍藏于中国国家博物馆。

繁华的泉州

郑和下西洋途中，福建泉州是重要的驻泊地之一，留下了许多遗迹。

泉州因其良好的港口条件，成为中国历史上海上丝绸之路的一个起点，早在唐时即成为"船到城添外国人"的国际都市，也是其时中国对外贸易四大港口之一。宋元时期，泉州海外贸易更趋鼎盛，与海外许多国家和地区都有贸易往来，为东方第一大港。这里不仅有建造优良远洋船舶的造船业、技艺精湛的航海匠师和精通外国语言的通事（翻译），还有丰富的外销产品。如泉州德化窑的瓷器就是明代的重要外销瓷。史料记载，郑和"从苏州刘家港入海至泉州寄泊"，并"满载陶瓷""遍历群蛮"（摘自《清叶永蒹牺山杂志》）。郑和在永乐十五年（公元1417年）第五次下西洋时，到泉州灵山圣墓行香，祈求圣灵庇佑，留下了著名的郑和行香碑。灵山圣墓位于今泉州城东1千米处的东圣茂村，墓主是伊斯兰教创始人穆罕默德的两位门徒。他们于唐武德年间来华传教，卒后葬于此处。据传此墓夜发异光，故称圣墓。该碑全名为"泉州灵山回教先贤行香碑"，碑文载："钦差总兵太监郑和，前往西洋忽鲁谟厮（斯）等国公干。永乐十五年五月十六日于此行香，望灵圣庇佑。镇抚蒲和日记立。"

郑和为何要在此地行香祈求圣灵庇佑呢？因为郑和是回族，虽然后来皈依佛教，但伊斯兰教义还是对他产生了一定的影响。而泉州是西域穆斯林"胡商"来往频繁的重要港口，也是伊斯兰教早期在中国传播的发祥地，在此定居的穆斯林为数众多。古老的清真寺建筑、西域回回的陵园以及阿拉伯、波斯文字图案的浮雕石刻等文物遗址为数不少。郑和到泉州灵山圣墓行香，很直观地传播了朝廷保护伊斯兰教和穆斯林的信息，营造了泉州回族及其文化生存和发展的良好氛围。

九日山位于泉州西郊，山中古迹遍布，目前仅留80余处，多数集中于西峰东坡和东峰南麓，最珍贵的为宋元祈风石刻。因宋元时期，泉州海外交通相当发达，许多异域商人每年往来于泉州。当时来泉州经营海外贸易的番舶，要靠风驾船，在春夏借东南风而来，秋冬则顺西北风而去。每年番舶扬帆之际，泉州郡守和市舶（海关）有关官员及泉州知名人士，都要登九日山昭惠庙，在通远王祠为番舶祈风，并刻石留记。

据清代《西山杂记》记载，当年郑和下西洋时，正使太监王景弘曾在此为下西洋船队平安顺利祈福。

马六甲的遗迹

经过600年的雨雪风霜，有关郑和下西洋的文物本该已随着岁月的流逝而消失殆尽。可实际上，在各国人民的保护下，世界各地至今仍保留着郑和船队当年留下的遗迹。

马六甲的三保山、三保井，印度尼西亚的三保洞、三保庙，非洲大地上的石碑和公墓，无一不在诉说着几个世纪前那支中国船队的伟大航行。这些遗址既是郑和船队曾经来到这里的证明，更是当时中国与世界各国人民交好的见证！

在郑和七次下西洋中，有五次驻马六甲。每次他率领官兵屯扎三宝山，船队停泊马六甲海域，没有占领一寸土地，甚至一分不取，是名副其实的和平使者。

马六甲现建有郑和展览厅，讲述郑和与马来西亚的渊源历史。明朝公主汉丽宝下嫁马六甲苏丹的故事，改编为歌剧，以华语、马来语和英语多次演出，深受欢迎。

当地人对郑和顶礼膜拜，郑和在马六甲的事迹家喻户晓。如郑和组织当地军民筑起了古城墙，并派人昼夜巡逻，使马六甲人民在百多年里安居乐业。郑和曾在马六甲三宝山设立官厂，囤放粮食、货物，挖了三宝井，消灭了海盗，使马六甲王国很快成为东南亚经济繁荣的国家。

马六甲有一座名山，当地华人称之为"三保山"，也叫"三宝山"，其命名源自"三保太监"的名号。传说当年郑和下西洋途经马六甲时，曾驻扎在这里，并在山的附近修建船坞和仓库，该山因此得名。

"山不在高，有仙则名"。三保山坐落在马六甲市中心的东南部。此山实在不高，海拔只有109英尺（约30多米），占地不过100来英亩，但因有郑和曾经到此的传说，几百年来它一直是马来西亚华人寄托心愿与思乡之情的"宝山"，在当地华人心目中有着特殊的地位和意义。

当地华人把三宝山看作是华裔祖先在马来西亚最早的落脚点，它也是历史悠久的华人公共墓地，山上大约有12 500多座坟墓。有资料记载，"有山曰三宝山，为华侨茔墓所在，相传郑和居马六甲时，从人有死亡者，即葬于是间。"

在三保山的西南山麓，耸立着一座中式风格的建筑，飞檐斗拱，屋顶刻有精美的动物图案，红柱、白墙、黛瓦，大门两侧装饰着大红绸布，门上方的黑色牌匾上是"宝山亭"3个字。宝山亭是当地华人为纪念郑和而建，又名"三保庙""三宝亭"。据说，这里的一砖一瓦都是从中国运来的。宝山亭的飞檐上刻着彩龙戏珠，与黛瓦、红柱、白墙相配，象征三保公驾飞舟破白浪，扬帆远航的壮观景象。在宝山亭院内一侧，立着一座郑和的石像，身着官

服的郑和器宇轩昂，栩栩如生。在一间20多平方米的室内，供奉着郑和的神位；同时还供奉着福德正神和天后圣母的神像，福德正神是土地神，天后圣母就是"妈祖"。可见，当地华人已将纪念郑和同传承中华传统文化融为一体。亭内还有一副颂扬郑和的对联："五百年前留圣迹，四方界内显英灵"。

尽管庙门上的牌匾写的是"宝山亭"，但这里的华人大多叫它"三保庙"。三保庙是东南亚华人因为崇敬友好使者郑和而修建的。庙前有一棵硕大的古树，粗大的树干需几人合围，繁茂的枝叶庇荫一方。虽不知是否是郑和所植，但却是三宝庙600年沧桑历史的见证。

在宝山亭旁边，有一口很大的古井，直径有2米多，井口已用铁丝封死，锈色斑驳。当地华人认为这是当年郑和所掘的7口井之一，供其部下汲用，故名"三保井"。透过铁丝网向下看，井里还有水。传说井水清澈甘甜，被视作圣水，喝了井水的人一定能再回到马六甲。郑和就是喝了这井水，才好几次重回马六甲。这一传说反映了当地人民欢迎郑和、希望郑和多来马六甲的美好愿望。三宝井为郑和的庞大船队提供了甘甜的水源，也养育了一方百姓，更成了后来葡萄牙、荷兰、英国等入侵者的必争之井，留下了可歌可泣的动人故事。

马来西亚总理巴达维曾说，郑和的伟大不仅在于他的航海壮举，更重要的是他航海途中几经这里，从来没有要控制、占领这里，而是以友好、和平的精神和当地人民结下了真挚友谊，受到人民爱戴。因此，马六甲现在还有很多纪念郑和的建筑。

印尼的供奉

郑和下西洋后，在印尼留下了许多遗迹。从当地资料来看，印尼的郑和遗迹主要有：三宝垄市的三保洞、三保庙。

三宝垄是印尼的著名城市，位于爪哇岛中部北岸，"相传中国与爪哇的交往已有数百年之久，但中国人大约在公元1416年才来到三宝垄。第一个到达三宝垄的中国人是三保大人"。其实，从三宝垄的地名来看，它是一个地道的中国名字，三宝指郑和、垄即山地、坟场。在该市的安山狮头山上，曾有闻名古迹三保洞。传说，郑和下西洋途经爪哇时，由于副使王景弘病重，船队被迫停泊于此。郑和率众登陆，发现此山洞，遂留下十名随从，给了一些给养药品和一条船，将副使安置在洞里疗伤。经过长时间的休养和医治，王景弘逐渐康复。王景弘病愈后，并没有驾船追随郑和，而是率众垦殖建房，并许部下与当地女子结婚，定居下来。三保洞一带地区，经过他们的开垦，逐渐成为繁荣昌盛之地。许多土著居民也在这里从事耕作，这里渐渐形成群聚的村落。王景弘本人除了务农外，还向当地居民传播伊斯兰教，并且教导人们崇敬三保大人的业绩和品格，他还制造三保大人的雕像，放在洞穴里，带领他的追随者们定期向雕像膜拜。

现今的三保庙是在三保洞中建立起来的，建于1434年。三保庙原先十分简陋，庙内只安放了郑和的雕像。1704年，在一次大暴雨中，三保洞塌陷，当时还埋葬了一对正在洞内祈祷、膜拜的新婚夫妇。不久，人们又把洞穴挖掘出来，恢复原貌。1724年，当地华侨将三保庙修葺一新，并在洞前建起一条檐廊，供香客避荫歇息。庙内除供奉着郑和的塑像外，还有一个庄重的圣坛，吸引着成千上万的崇拜者，前来朝圣的人络绎不绝，庙里香火终年不断。1740年，三宝垄遭到台风的袭击，三保庙受到严重的破坏。后来人们又重建了一座新的三保庙，当地民众还特地从中国运来包括三保太监及其4名随从在内的5尊雕像进行供奉。500多年来，当地人们一直珍重和爱护着这座作为中国与印尼人民友谊象征的庙宇。1966年，三宝垄市政府在几经修葺的新庙内立了一块纪念碑，碑上用中文刻着郑和的简历及其不朽的功勋，旁边附有印尼文和英文的译文。

爪哇井里汶附近的宋加拉基庙，据传是郑和一夜间建成的。当年郑和曾举刀斩妖蛇，为民除害。此外，在西爪哇的雅加达，位于安卓尔地区有个忠义船之庙（又称三保水厨庙或浪迎庙），庙内陈列着两把锋利而精致的宝剑，据说这是当年郑和留下的。关于这个庙还流传着郑和船队的一位厨师与印尼舞女西迪瓦蒂喜结良缘的故事。

在雅加达安左岸边的"欢乐之家"，有一座称为"三宝随属"的小庙。庙的外观很平常，丝毫不引人注意，长期无人问津。有一次，雅加达遭洪水袭击，许多建筑物纷纷倒塌，唯独此庙安然无恙，人们便以为这是座神庙，有神灵保佑。后来又传说此庙是为纪念郑和的一名随从及其妻子而建。相传这位随从离船上岸后，遇到一位爪哇女郎，两人一见钟情，结为夫妇。他们双双去世后，人们就为他们修建了这座庙，命名为"龙更庙"。于是每年的四月和八月都会在庙里举行"龙更"舞会，以纪念已故的异族佳偶。

在苏门答腊岛北部亚齐，有个著名的巴达尔·拉雅博物馆。馆内陈列着名为札克拉·陀惹的大铜钟，该钟是当年郑和来访时赠给亚齐的须文达那·巴赛王国的。迄今这座大铜钟仍被当地人民视作神钟，受人供奉，安息香焚烧不息。当地政府也把它视作珍品加以保护。

泗水的郑和清真寺是世界上第一个以郑和名字命名的清真寺，它于2003年5月28日在印尼东爪哇首府泗水举行落成典礼并正式对外开放。该清真寺飞梁画栋，赤柱碧瓦。据印尼报刊报道，其建筑设计参照中国北京牛街清真寺，充满了中国特色，由红、黄、绿3种颜色主配整个建筑，雄伟壮丽，别具一格。

清真寺长21米、宽11米，建筑面积为231平方米。其中主楼长11米、宽9米，其顶部有8个屋檐。据有关人士介绍，上述主

楼的 11、9 和 8 三个数字是设计时有意安排的：11 与当初麦加圣地的黑石的尺寸有关，9 是象征着在爪哇传播伊斯兰教的 9 位圣人，8 则是指和中国文化有联系的八卦（据说是幸运的标志）。清真寺的右侧，陈列着郑和宝船的仿制船和郑和下西洋的巨幅画像。由此可见，郑和清真寺既突出了伊斯兰教的特点，反映了爪哇伊斯兰教的历史，又体现了中国文化的影响，显然是文化交流的产物。清真寺碑由兴建泗水郑和将军清真寺委员会暨东爪哇全体穆斯林敬立。碑文分别用印尼文、华文和英文刻成。

在印尼，除了郑和的遗址、遗迹和遗物外，还有一些关于郑和的传说，这些传说似乎都被赋予了神话色彩。

在印尼爪哇有一种"三保公鱼"，并流传着一段"舢板跳鱼"的故事。传说有一天三保大人的船队抵达爪哇时，忽然一条鱼蹦上舢板，挣扎翻越，心地善良的三保大人急忙把它捧起，放生海中。从此，这种鱼的脊背上留下了三宝大人的五个指纹，这鱼因此得名。

印尼盛产榴莲，由于其营养丰富，被称为水果之王。但因其味道较浓，早期移居印尼的华人大都不很喜欢吃。传说郑和访问印尼时，正值当地瘟疫横行，华人纷纷祈求郑和救助，郑和嘱他们把榴莲当药吃。人们遵照郑和的嘱咐去做，果然瘟除病消。从此许多印尼的华人都爱吃榴莲。

刚果园的石碑

在被称作"非洲的心脏"的刚果有一条长达4640千米的刚果河横贯全境，流入大西洋。就在即将注入大西洋之际，刚果河收聚起所有的支流，形成闻名的马塔迪瀑布。就在瀑布下端一泓清池附近，竖立着一块石碑。经外国专家考证，那块石碑是郑和船队于1421年9月竖立的。

科摩罗群岛位于莫桑比克海峡的北端出口处，塞舌尔群岛处于科摩罗群岛与马尔代夫群岛之间。郑和船队曾访问过马尔代夫群岛已是不争的历史事实。据说，郑和船队当年也曾途经科摩罗群岛和塞舌尔群岛，更有外国学者认为，郑和船队还在塞舌尔观测经度、进行相关科研，其测量精度几乎可与现代媲美。

塞舌尔是西印度洋群岛国家，由115个大小岛屿组成。塞舌尔地处欧亚非三大洲枢纽地带，为亚非两洲的交通要冲。目前的流行说法是，葡萄牙人16世纪曾到此地，并称该岛为"七姊妹岛"。1756年，此地又被法国占领，殖民者以"塞舌尔"重新命名。1794年，英国取代法国。此后，英法两国轮流统治，直到1814年，该群岛成为英国殖民地。1976年6月，塞舌尔宣告独立。然而，外国有的学者认为，早在葡萄牙人到达之前，郑和船队就来到过塞舌尔。相对于马达加斯加与毛里求斯，塞舌尔的华侨华人数量相对较少。但当地人知道，在塞舌尔的第三大岛上有一片公墓，里面安葬着华侨华人先驱。

塞舌尔是世界上独一无二的海椰子故乡。海椰子成为吸引各国游人的一个大招牌，该国人民莫不引以为荣。在这片椰林中有一种当地十分常见的树，而这种树恰巧来自中国。中国的物种增加了海椰林的生物多样性。郑和下西洋时，其船队不但从国外带回中国一些异域物种，同时将中国的一些植物运到海外，而且还把世界各地的物种互相移植，促进了物种的交流，增进了人们对自然界物种的认识，进而使不断繁荣的物种造福人类。在这一点上，中外研究郑和的专家有目共睹，达成共识。海椰林里的这两种中国树，很有可能是郑和船队从中国带去的。

外国学者认为，早在欧洲人探险航行之前，郑和将中国的莲花传到了澳洲；把桑树和稻谷分别带到太平洋群岛和南美洲；把甘蔗和生姜从印度传到北太平洋群岛；将玉米从美洲传到中国和东南亚；把烟草、甜马铃薯从墨西哥带到菲律宾。

中国学者指出，郑和下西洋期间，对所访地区的生物资源进行了长期广泛的考察，重点调查研究了若干种珍奇和具有经济、药物价值的动植物，通过采集、购买或进贡等途径，从国外引进了一些当时中国需要的物种。动物方面最典型的例子就是，非洲马林迪国王向中国皇帝赠送了长颈鹿。在植物方面，从国外引进的胡萝卜、南瓜、苦瓜、乌木、木棉等，都被与郑和同处一个朝代、却比郑和晚90余年的李时珍收入《本草纲目》，丰富了中国的中医药学。现今生长在南京江苏郑和纪念馆内的一棵五谷树，是郑和从海外移植到中国的一种神奇植物。据《明史》记载，此树共有两株，分别在南京天界寺和大报恩寺。此树"不但结子如五谷，亦有鱼蟹之形者"，传说"可验年岁丰歉"。有诗云："楼船十万泰西回，此树曾随船棹来。移植远从鹦鹉地，托根终傍凤凰台。种兮萧寺双株老，花为丰年几度开。野史纷纷说三宝，貂珰亦自五凡才。"

促进中外之间和世界各地之间的物种交流，是郑和下西洋的另一伟大功绩，其结果是造福人类，惠及万世。